国家社科基金
GUOJIA SHEKE JIJIN HOUQI ZIZHU XIANGMU
后期资助项目

多元视角下社交媒体中的自我表露与意见表达研究

Research on Self-disclosure and Opinion Expression in Social Media from Multiple Perspectives

牛静　著

WUHAN UNIVERSITY PRESS
武汉大学出版社

图书在版编目(CIP)数据

多元视角下社交媒体中的自我表露与意见表达研究/牛静著.—武汉：武汉大学出版社,2022.12
国家社科基金后期资助项目
ISBN 978-7-307-23236-5

Ⅰ.多…　Ⅱ.牛…　Ⅲ.互联网络—传播媒介—研究　Ⅳ.G206.2

中国版本图书馆 CIP 数据核字(2022)第 139583 号

责任编辑:蒋培卓　　责任校对:汪欣怡　　版式设计:韩闻锦

出版发行：**武汉大学出版社**　(430072　武昌　珞珈山)
(电子邮箱：cbs22@ whu.edu.cn　网址：www.wdp. com.cn)
印刷:武汉中远印务有限公司
开本:720×1000　1/16　印张:14.5　字数:250 千字　插页:1
版次:2022 年 12 月第 1 版　2022 年 12 月第 1 次印刷
ISBN 978-7-307-23236-5　定价:60.00 元

国家社科基金后期资助项目
出版说明

后期资助项目是国家社科基金设立的一类重要项目，旨在鼓励广大社科研究者潜心治学，支持基础研究多出优秀成果。它是经过严格评审，从接近完成的科研成果中遴选立项的。为扩大后期资助项目的影响，更好地推动学术发展，促进成果转化，全国哲学社会科学工作办公室按照“统一设计、统一标识、统一版式、形成系列”的总体要求，组织出版国家社科基金后期资助项目成果。

全国哲学社会科学工作办公室

前　言

随着以互联网和移动网络为代表的新媒体技术的蓬勃发展和社交媒体的出现，公众的自我呈现方式、意见表达行为都开始出现重大的改变。借助微博、微信朋友圈、网络论坛等社交媒体平台，公众获得了可以自由地表露自我、表达个人意见与态度的新渠道。根据第 46 次中国互联网络信息中心（CNNIC）调查显示，截至 2020 年 6 月，微信朋友圈、QQ 空间、微博使用率分别为 85%、41.6%、40.4%。社交媒体传播影响力显著提升。然而，公众在社交媒体上的自我表露与意见表达也会带来新的问题，如利用从社交媒体处获取到的个人隐私信息进行金钱或情感诈骗，利用用户已发表的照片、视频等进行人身攻击、人肉搜索等。社交媒体上公众的自我表露和意见表达是社会舆论形成的重要环节，现在的诸多新媒体事件正是基于公众的自我表露和意见表达行为而产生的。基于此，调查研究我国公众在社交媒体上的自我表露与意见表达情况具有重要的现实价值。

社交媒体是基于分享精神而建立的即时通讯网络应用，公众可在社交媒体平台中进行内容的创造和交流。公众使用社交媒体，主要是在两个层面上进行“生产”，其一是进行自我表露，即个体将自己的信息呈现给其他人的过程，呈现的内容主要有事实信息、私人生活等，自我表露是个体人际交往中至关重要的行为。① 其二是进行意见表达，即个体在社交媒体上呈现自己对社会现象、各类事件的看法、观点。所以，根据传播内容来讲，公众主要是从这两个维度使用社交媒体。② 本书的研究区分了公众社交媒体使用的行为，将其区分为“自我表露”和“意见表达”这两种主要行为，并针对每一类行为进行多角度研究。本书既有对社交媒体的整体研究，也有针对某社交媒体（如微信、微博和知乎）展开的研究；既有

---

① Andreas M. Kaplan, Michael Haenlein. Users of the world, unite! The challenges and opportunities of Social Media [J]. Business Horizons, 2010, 53: 61.

② Jourard S M. The transparent self (2nd ed.) [M]. Litton Educational Publishing, Inc, 1971.

针对自我表露与隐私素养的研究、自我表露与风险感知的研究，也有针对不同议题属性的意见表达以及社交媒体的匿名表达行为的研究，可以说囊括了社交媒体与自我表露、意见表达的不同方面。

一、研究内容

本书以社交媒体作为研究对象。社交媒体是一个相对比较宽泛的概念，现阶段我国公众使用最多的社交媒体是微信和微博，为了使研究对象更具有针对性，本书有以微博和知乎等具体社交媒体为研究对象的探讨，也有对社交媒体意见表达情况的探讨。本书分为上、中、下三篇，分别为“自我表露与个人隐私”“意见表达与影响因素”和“媒介使用与信息伦理”。

上篇“自我表露与个人隐私”主要由两章构成，分别是：（1）基于社交媒体隐私政策认知的视角研究用户自我表露的影响机制；（2）探讨社会化算法推荐下青年人的隐私管理与媒体使用情况，并分析了个性化信息接受意愿与隐私关注的关系。

其一，《社交媒体隐私政策与用户自我表露的实证研究：一个被调节的中介模型》一章基于隐私关注中的隐私关注综合理论（APCO）模型，整合隐私计算理论，考察社交媒体用户的隐私政策（包括对隐私政策的理解和有效性感知两个维度）对自我表露的影响机制。研究发现，社交媒体信任在隐私政策与自我表露间起中介效应，隐私计算成本在隐私政策与社交媒体信任间起调节效应。当用户的隐私计算成本低时，隐私政策通过增强社交媒体信任，促进用户的自我表露行为。本研究创新性地提出和证实，隐私政策对自我表露的影响是非线性的，表现为一个被调节的中介效应模型。

其二，《社会化算法推荐下青年人的隐私管理与媒体使用研究：个性化信息接受意愿与隐私关注的链式中介效应》基于传播隐私管理理论框架，结合微博社会化推荐算法特征，引入新变量“个性化信息接受意愿”，考察微博青年用户隐私素养对隐私管理（包括隐私表露、隐私控制、人际管理三个维度）的影响机制，创新地关注个性化信息接受意愿和隐私关注的链式中介效应。本研究对514位微博青年用户进行问卷调查并建构结构方程模型。研究发现青年人隐私素养对微博隐私管理行为具有积极影响、个性化信息接受意愿和隐私关注的链式中介效应在模型中起关键作用，同时性别还是模型中部分关系的调节者。

中篇“意见表达与影响因素”主要由四章构成，分别是（1）基于意见气候与政治效能感的视角探讨社交媒体上公众意见表达的状况及其影响因素；（2）基于政治信任与风险感知的视角研究不同群体对网络游戏规制的支持意愿；（3）基于议题属性视角探讨微博上公众意见表达的影响因素；（4）基于匿名行为的视角探讨知乎上公众的意见表达行为。

其一，《社交媒体上公众的意见表达研究：基于意见气候与政治效能感的考量》一章采用问卷调查法对意见表达以及影响意见表达的因素，如意见气候感知、政治效能感和时政新闻关注度、社交媒体使用情况和人口统计学变量进行了测量。本章发现公众的意见气候感知对意见表达不产生影响，对意见表达产生影响的是政治效能感、时政新闻关注度、人口统计学变量以及社交媒体使用情况等因素。

其二，《不同群体对网络游戏规制的支持意向研究：基于政治信任与风险感知的考量》一章通过对网络游戏玩家和非网络游戏玩家的比较，探索人们支持规制网络游戏的意向及其影响因素，分析网络游戏玩家与非玩家的人际交流、制度信任、风险感知、支持规制意向存在的显著差异，建构了公众支持政府规制网络游戏意向的理论模型，以揭示不同群体支持规制意向形成的内在机制。

其三，《微博上公众的意见表达影响因素研究：基于议题属性的视角》一章探讨微博用户意见表达的影响因素，特别是分析在正负议题下，用户的表达意愿、表达行为的差异性，总结网民意见表达的特征，了解我国网络民意走向。具体说来，本章主要分析议题兴趣、议题知识等对意见表达意愿、意见表达行为的影响。

其四，《知乎社区公众的意见表达研究：基于匿名功能的视角》一章对用户在社交媒体中使用匿名功能进行表露、表达的动机和影响进行研究，主要回答以下问题：社交媒体平台匿名功能出现的原因、用户信赖并使用匿名功能的动机、匿名的广泛使用会对网络环境秩序带来的影响等。文章结合以往与意见表达相关的理论对知乎社区匿名这一功能的使用现象进行解释，最后提出了引导匿名功能下用户理性发言的对策。

下篇“媒介使用与信息伦理”主要由两章构成，分别是（1）基于批判思考意向与社会支持的视角探讨社交媒体意见表达中的信息鉴别能力研究；（2）基于认知心理学的视角探讨短视频用户的伦理认知与媒介回避行为。

其一，《社交媒体使用中的信息鉴别能力研究：基于批判思考意向与社会支持的考量》采用问卷调查法，研究公众在社交媒体上进行意见表达时的信息鉴别能力，评估其信息鉴别能力及其影响因素。研究发现，批判思考意向、网络自我效能感、社会支持正向影响用户的信息鉴别能力。本研究建议媒体和政府部门从建立综合信息鉴别网站、发展事实核查类信息平台、加大网络安全知识宣传力度几方面来提升社交媒体用户的信息鉴别能力。

其二，《短视频 App 用户信息伦理认知、态度与媒介回避行为研究：基于认知心理学的视角》一章针对目前短视频 App 出现的一些伦理失范问题，探讨短视频用户对伦理失范问题的认知、态度及应对伦理失范问题的行为反应。具体来说，研究短视频 App 用户对虚假信息、版权侵犯、隐私侵犯、不良信息的认知现状，探讨用户采取的伦理回避行为及其影响因素。

二、研究思路与特点

本书从我国公众的社交媒体使用行为这一现实问题出发，基于传播学、信息管理学、心理学、社会学、政治学等视角对社交媒体中用户的自我表露和意见表达行为进行研究，其思路与特点如下：

其一，每一章相对来说都是一篇独立的学术论文，主要运用问卷调查法，按照社会科学实证研究方法的操作步骤进行研究。首先进行文献综述、提出假设和问题，然后基于一定的研究方法进行数据收集，进而对数据分析结果进行呈现，最后对研究结果进行讨论。这样每一章的内容都是一篇完整的实证研究论文，同时附录部分是与各章相对应的问卷，这样方便阅读者更清晰地了解整个研究过程。

其二，注重对文献的梳理，并在此基础上提出研究假设或研究问题。每一章围绕着核心性的变量进行文献回顾，并提出研究问题。同时也注重对概念进行操作化测量，如参阅国内外权威的隐私成本计算量表、社交媒体信任量表、隐私素养量表、隐私管理量表、意见气候感知量表、议题属性量表、自我效能感量表、批判思考意向量表、信息伦理认知量表等，并根据社交媒体的特性进行了修订、检验，使变量的信效度较高，从而增加了研究结果的说服力。

其三，针对每个研究主题，有针对性地设计问卷，本书的研究共设计了 8 种问卷，每种问卷都经过反复讨论、前测等环节，保证了问卷内容的效性与信度。共发放问卷 4262 份，有效问卷达到 3565 份；运用 SPSS、AMOS 等对收集到的数据进行分析，进而总结公众使用社交媒体的特点及影响因素。

总的说来，本书尝试从多角度对公众在社交媒体上的自我表露和意见表达行为进行研究，从而丰富社交媒体这一研究领域。作为跨学科的基础研究，其研究思路、视角如果可以为之后的研究者提供借鉴，那便是有点价值了。

2019 年，我在社会科学文献出版社出版了《社交媒体使用行为研究：互动、表达与表露》之后，希望从更多角度对该问题进行探讨，所以又经过几年时间，完成这本书稿。虽然每一章节都反复审校，但难免有所疏漏。在此，我真诚地希望得到读者的指正与建议。

牛　静

2022 年 5 月

目　录

上篇　自我表露与个人隐私

上篇

自我表露与个人隐私

第一章　社交媒体隐私政策与用户自我表露的实证研究：一个被调节的中介模型

一、研究缘起

用户在社交媒体使用过程中，往往伴随着隐私泄露的风险。2019 年上半年，有接近一半的网民曾遭遇网络安全事件，其中个人信息泄露类事件占比为 23.3%。[①] 为应对这一问题，社交平台常通过发布隐私政策的方式保护用户的隐私和相关权益。隐私政策是关于企业如何处理和保护用户个人信息、阐述基本权利义务的文件，目的是降低用户与平台进行隐私交易时所产生的风险感知。[②] 随着大数据产业的快速发展，用户信息的合理收集与使用成为各行业迅速发展的关键环。[③]

不完善的隐私政策容易使用户产生“隐私泄露”的威胁感，进而影响用户的信息发布。用户发布与自身相关信息的行为意向，可能与自我表露程度有关。[④] 而影响信息发布意向的因素，也有可能影响自我表露。杰夫·史密斯（Jeff Smith）等人在 APCO 理论（Antecedents → Privacy

---

① 中国互联网络信息中心．第 45 次中国互联网络发展状况统计报告［EB/OL］.（2020-04-28）［2020-09-29］. http://www.cnnic.net.cn/hlwfzyj/hlwxzbg/hlwtjbg/202004/t20200428_70974.htm.

② MILNE G R, CULNAN M J. Strategies for Reducing Online Privacy Risks: Why Consumers Read (Or Don't Read) Online Privacy Notices [J]. Journal of Interactive Marketing, 2010, 18 (3): 15-29.

③ 谢卫红，曲静静．大数据背景下威胁评估对网络隐私顾虑的影响：组织隐私政策的调节［J］. 科技管理研究，2018，38（19）：188-194.

④ 谢新洲，安静，王尧．基于技术接受模型的微信用户信息发布行为研究［J］. 情报学报，2015，34（8）：801-808.

Concerns→Outcomes，自变量→隐私关注→因变量，称隐私关注综合理论）模型中提出，隐私政策与自我表露呈正相关。① APCO理论模型是首次系统阐述隐私政策与自我表露的作用机制，该模型强调以多学科、宏观视角看待信息隐私问题，着重阐述各变量之间的相关性。但模型仅限于“隐私政策→信任→自我表露”的单向路径，且对隐私政策作用情境缺乏一定的解释性。故当隐私政策与自我表露的影响机制置于社交媒体使用情境时，该机制还需进一步地发掘。我们深入研究这一机制，结合文献创新性地将隐私政策细分为隐私政策的有效性感知与理解两维度，基于隐私计算理论，将研究情境概念化，加入新调节变量“隐私计算成本”，探究它们与自我表露的作用机理，使本研究更具社交媒体情境特色与问题指向性。

二、隐私政策与自我表露等文献综述

隐私政策是关于媒体平台等企业告知用户平台会如何收集、使用、披露和管理用户数据的声明，能够正面反映企业的通行价值理念和隐私利益关系。隐私政策主要有告知和约束两个作用，隐私政策既能够约束用户行为和保障用户权利，同时也能对社交媒体的义务和责任进行监督。隐私政策作为用户、社交媒体、政府部门推进隐私信息安全保护的重要依据，近年来吸引了业界学界众多关注。早在2017年，网信办联合四部开展隐私条款专项工作后，就已发布《个人信息安全规范》，从用户隐私信息收集行为、隐私权利保障等方面进一步规范隐私政策。学界目前关于隐私政策的讨论以文本分析和思辨性的描述型文章为主，研究者发现我国各移动App的隐私政策尚存在适用情况不明确、内容不完善等多类问题。② 此类研究对各因素间的因果关系推论缺乏严谨性。还有小部分研究采用定量法研究隐私政策，聚焦隐私政策对用户的影响，如张玥等人采用扎根理论的方法，研究发现隐私政策特征和隐私政策内容直接影响用户在医疗问诊App上的表达。③ 但通过扎根理论所得出的框架还需进一步验证。回顾已

---

① SMITH J H，DINEY T，Xu H. Information Privacy Research：An Interdisciplinary Review [J]. Social Science Electronic Publishing，2011，35（4）：989-1015.

② 李泽睿，田宇琛，张伟哲，刘洋．中国移动应用隐私政策研究［J］．网络空间安全，2020，11（6）：57-68.

③ 张玥，王坚，朱庆华．医疗问诊App隐私政策的认知影响因素框架模型研究——基于扎根理论方法［J］．情报理论与实践，2019，42（6）：105-110.

有文献发现，少有研究重视对隐私政策的全面测量。

在社交媒体服务活动中，隐私政策对用户行为产生重要影响，影响最为显著的为自我表露（Self-disclosure）。自我表露源于社会心理学，由心理学家西德尼·乔拉尔（Sidney Jourard）提出，意指用户真诚地与他人分享个人的、隐秘的想法和感受的行为，① 换而言之，自我表露是指用户披露、表露自己信息的行为，有的研究又将其视为信息披露。② 当前对用户自我表露行为的研究集中于关注用户个人特质以及社会因素，如心理需求③、隐私知识及主动保护意愿④、主观幸福感⑤和成人依恋关系⑥等，而较少关注社交媒体平台相关的因素对自我表露的影响。本研究着重关注隐私政策以及社交媒体信任对自我表露的影响。

众多研究结果证明隐私政策可对自我表露产生影响，但对于两者间的关系学界观点不一。有研究认为对隐私政策保持积极态度的用户越有可能进行自我表露。⑦ 但也有研究者提出相反的观点，认为对隐私政策保持负面态度的用户依旧可能会进行自我表露。⑧ 还有研究者认为隐私政策和自我表露意愿并非是简单相关性，还可能存在中介效应，⑨ 如隐私政策可通过建立用户信任，进一步正向影响用户的自我表露意愿。⑩ 由此可见，隐

---

① JOURARD S M, LASAKOW P. Some factors in self-disclosure ［J］. The Journal of Abnormal and Social Psychology, 1958, 56 (1): 91-98.

② 李延晖，梁丽婷，刘百灵．移动社交用户的隐私信念与信息披露意愿的实证研究［J］．情报理论与实践，2016，39（6）：76-81.

③ ANG C S, TALIB M A, TAN K A, et al. Understanding computer-mediated communication attributes and life satisfaction from the perspectives of uses and gratifications and self-determination ［J］. Computers in Human Behavior, 2015, 49 (C): 20-29.

④ 强月新，肖迪．作为中介的隐私关注：隐私知识、主动保护意愿对用户自我表露的影响机制研究［J］．新闻界，2019（5）：53-66.

⑤ 王慧，杨继平．高职生自我表露特点与主观幸福感的相关分析［J］．中国健康心理学杂志，2012，20（3）：383-385.

⑥ 邱淑慧，肖海雁，杨笑，李媛，刘卓卓，赵灿璨．大学生成人依恋与孤独感及自我表露的关系研究［C］．第二十一届全国心理学学术会议摘要集．北京：中国心理学会，2018：956-957.

⑦ Wang E S T. Effects of Brand Awareness and Social. Norms on User-Perceived Cyber Privacy Risk ［J］. International Journal of Electronic Commerce, 2019, 23 (2): 272-293.

⑧ 袁红，侯雅婷．网络一代个人数据隐私悖论行为研究——以微信使用为例［J］．情报杂志，2016，35（3）：169-173，164.

⑨ AWAD N F, KRISHNAN M S. The personalization privacy paradox: an empirical evaluation of information transparency and the willingness to be profiled online for personalization ［J］. MIS Quarterly, 2006, 30 (1): 13-28.

⑩ WU K W, HUANG S Y, YEN D C, et al. The effect of online privacy policy on consumer privacy concern and trust ［J］. Computers in Human Behavior, 2012, 28 (3): 889-897.

私政策与自我表露关系复杂。深入研究隐私政策与自我表露之间的作用机制，有利于提高社交媒体的隐私政策质量，也有助于提高用户的在线隐私素养。而隐私与情境相依，只有考虑到用户的网络情境与心理情境才能更富解释力地回答隐私问题。但以往研究对于隐私政策与自我表露的关系研究较为简单，忽略了隐私政策作用的情境。

鉴于此，本研究在APCO理论模型基础上，结合隐私计算理论，在社交媒体使用语境中进一步探讨隐私政策与自我表露关系的微观影响机制，着眼于论述如下问题：隐私政策的好坏是否会影响用户建立社交媒体信任，进而影响自我表露行为；在不同的隐私计算成本之下，隐私政策与自我表露的影响机制是否会有所不同。更具体地来说，本研究将隐私政策与自我表露作为研究的关键因素，探究社交媒体信任的中介作用与隐私计算成本的调节作用，并且尝试规范定义隐私计算成本，这使得本研究在隐私计算理论和APOC理论模型层面具有一定的创新价值。

三、研究假设与模型

本研究考察社交媒体语境中隐私政策与自我表露行为的影响机制，以此构建一个被调节的中介模型。首先，本研究基于相关文献的回顾，就隐私政策与自我表露的影响机制进行详细论述，提出一系列研究假设；其次，通过一手数据依次检验模型；最后，讨论研究发现及理论、实践贡献，并总结本研究不足与提出未来研究的发展方向。

（一）隐私政策与社交媒体信任

社交媒体信任是用户评价社交媒体的结果指标之一。我国社交媒体App隐私政策常包含手机数据内容、收集目的、收集方式等多个部分，整体来说内容较为齐全。对于非法学专业的用户来说，此类详细的隐私政策可能使得用户对社交媒体产生积极的态度，有利于增强用户对社交媒体的信任。已有的实证研究也表明，隐私政策的好坏会进一步影响用户对平台的信任。①

---

① TEUTSCH D，MASUR P K，TREPTE S. Privacy in mediated and nonmediated interpersonal communication：How subjective concepts and situational perceptions influence behaviors [J]. Social Media+Society，2018，4 (2).

此外，研究者们曾对隐私政策的感知有效性①、感知明确性、权限水平、保护程度②、真实性感知和通知理解③等方面进行了研究，以上研究主要集中于用户对隐私政策的理解和有效性感知两方面。故本研究拟通过调查用户对隐私政策的理解和有效性感知测量出用户对隐私政策的整体性感知。隐私政策的理解是指用户对政策内容文字表达的理解。隐私政策有效性感知是指用户对社交媒体平台在线公布的隐私政策能够准确、有效反映其保护信息隐私实践的信任程度。④ 越是能够被理解的隐私政策，越能够正向预测用户对平台的信任。⑤ 还有研究发现，用户对隐私政策的理解与隐私政策的有效性感知呈正相关。⑥ 因此，本研究假设：

H1：用户对隐私政策理解越深，越相信社交媒体。

H2：用户对隐私政策有效性感知越高，越相信社交媒体。

（二）隐私计算成本的调节效应

隐私计算理论作为社会交换理论的深化，是应用最广、最具代表性的理论。⑦ 隐私计算理论认为用户的隐私披露行为是在权衡感知收益和隐私忧虑后所做出的决定。在以往的研究中，隐私忧虑和感知收益是衡量是否使用社交媒体的重要"成本"。⑧ 本研究将隐私计算概念化为"隐私计算

---

① WANG E S T. Effects of Brand Awareness and Social. Norms on User-Perceived Cyber Privacy Risk [J]. International Journal of Electronic Commerce, 2019, 23 (2): 272-293.

② 梁晓丹，李颖灏，刘芳. 在线隐私政策对消费者提供个人信息意愿的影响机制研究——信息敏感度的调节作用 [J]. 管理评论，2018，30（11）：97-107，151.

③ MILNE G R, CULNAN M J. Strategies for Reducing Online Privacy Risks: Why Consumers Read (Or Don't Read) Online Privacy Notices [J]. Journal of Interactive Marketing, 2010, 18 (3): 15-29.

④ 谢卫红，曲静静. 大数据背景下威胁评估对网络隐私顾虑的影响：组织隐私政策的调节 [J]. 科技管理研究，2018，38（19）：188-194.

⑤ SULTAN F, URBAN G, SHANKAR V, et al. Determinants and role of trust in e-business: A large scale empirical Study [EB/OL]. (2002-12-13) [2022-05-02]. http://dspace.mit.edu/handle/1721.1/1826.

⑥ MILNE G R, CULNAN M J. Strategies for Reducing Online Privacy Risks: Why Consumers Read (Or Don't Read) Online Privacy Notices [J]. Journal of Interactive Marketing, 2010, 18 (3): 15-29.

⑦ 黄程松，王雪. 近10年国外SNS用户自我披露行为研究述评 [J]. 信息资源管理学报，2019，9（2）：85-93.

⑧ DIENLIN T, METZGER M J. An Extended Privacy Calculus Model for SNSs: Analyzing Self-Disclosure and Self-Withdrawal in a Representative U.S. Sample [J]. Journal of Computer Mediated Communication, 2016 (21): 368-383.

成本”，即用户在使用社交媒体时，通过对隐私忧虑和感知收益权衡分析后所感知的成本，包含两个方面：（1）感知收益指用户在使用过程中所感受的利益和回报。（2）隐私忧虑指在表露信息时，用户对他人侵犯个人信息的担忧。已有研究表明，隐私关注和隐私行为反应（自我表露）并非直接相关，而是受到感知收益和隐私忧虑的调节作用影响。① 社会交换理论也认为如果交换被认为是有益的，交换关系很有可能会被建立。在这一过程中信任可帮助计算预期成本，高信任度会导致人们感知低社会互动成本。② 当隐私计算成本低时，用户的感知收益大于隐私忧虑。此外，王世泽研究发现用户对隐私政策有效性感知会负向影响隐私忧虑，进而影响隐私行为反应。③ 因此，隐私计算成本很可能在隐私政策与社交媒体信任间起调节作用。据此，本研究假设：

H3：隐私计算成本正向调节隐私政策理解与社交媒体信任之间的关系。

H4：隐私计算成本正向调节隐私政策有效性感知与社交媒体信任之间的关系。

（三）社交媒体信任的中介效应

已有研究发现，当用户对社交媒体信任程度越高时，用户自我表露意愿、程度和广度均有可能会增加，这种影响关系可以是直接的，④ 也可以是间接的。⑤ 若想提高用户活跃度，社交媒体得先取得用户信任。易于理解的隐私政策可正向预测用户对网站的信任。⑥ 也有研究表明，平台可通

---

① 朱侯．社交媒体用户隐私关注的心理机制研究［J］．图书情报知识，2016（2）：75-82.

② DWYER C，HILTZ S R，PASSERINI K. Trust and Privacy Concern Within Social Networking Sites：A Comparison of Facebook and MySpace Reaching New Heights［C］//13th Americas Conference on Information Systems，AMCIS 2007，August 9-12，2007，Keystone，Colorado，USA，2007.

③ WANG E S T. Effects of Brand Awareness and Social. Norms on User-Perceived Cyber Privacy Risk［J］. International Journal of Electronic Commerce，2019，23（2）：272-293.

④ 牛静，孟筱筱．社交媒体信任对隐私风险感知和自我表露的影响：网络人际信任的中介效应［J］．国际新闻界，2019，41（7）：91-109.

⑤ 李海丹，洪紫怡，朱侯．隐私计算与公平理论视角下用户隐私披露行为机制研究［J］．图书情报知识，2016（6）：114-124.

⑥ SULTAN F，URBAN G，SHANKAR V，et al. Determinants and role of trust in e-business：A large scale empirical Study［EB/OL］.（2002-12-13）［2022-05-02］. http：//dspace. mit. edu/handle/1721. 1/1826.

过建立可靠的隐私政策，有效降低用户的隐私风险感知，进而促进自我表露。[①] 而社交媒体信任与隐私风险感知相关性显著，[②] 且杰夫·史密斯（Jeff Smith）等人在 APCO 理论模型中早已阐明隐私政策、信任、自我表露的影响路径为“隐私政策→信任→自我表露”。[③] 综上，本研究假设：

H5：用户越相信社交媒体，自我表露的程度越高。

H6：社交媒体信任在隐私政策理解和自我表露之间起中介效应。

H7：社交媒体信任在隐私政策有效性感知和自我表露之间起中介效应。

综合有关调节效应和中介效应的分析和假设，即当隐私计算成本低时，用户对隐私政策的理解和有效性感知分别可正向预测用户的社交媒体信任；社交媒体信任正向影响自我表露。本研究进一步分析认为，隐私计算成本还能进一步调节社交媒体信任分别在隐私政策理解与自我表露、隐私政策有效性感知与自我表露间的中介效应，即存在被调节的中介效应。用户对隐私政策的内容理解、有效性感知能够通过增强社交媒体信任提高自我表露程度，这一中介效应的强弱可能会受到隐私计算成本的影响。具体而言，当用户隐私计算成本较低时，用户会认为该项隐私交易利大于弊，故更愿意接受社交媒体所提供的隐私政策，[④] 也更愿意理解隐私政策的内容，也能够愈发感知到隐私政策的有效性。此时社交媒体平台会被认为是一个值得交易的对象，用户对其信任也会随之增加，最终用户的自我表露程度得以提高。因此，本研究假设：

H8：当隐私计算成本低时，隐私政策理解能够通过提高社交媒体信任进而促进自我表露。

H9：当隐私计算成本低时，隐私政策有效感知能够通过提高社交媒体信任进而促进自我表露。

综上所述，提出本研究的假设模型，如图 1-1 所示：

---

① METZGER M J. Communication privacy management in electronic commerce [J]. Journal of Computer-Mediated Communication, 2007, 12 (2): 335-361.

② 牛静，孟筱筱. 社交媒体信任对隐私风险感知和自我表露的影响：网络人际信任的中介效应 [J]. 国际新闻界，2019，41 (7)：91-109.

③ SMITH J H, DINEY T, Xu H. Information Privacy Research: An Interdisciplinary Review [J]. Social Science Electronic Publishing, 2011, 35 (4): 989-1015.

④ EASTLICK M A, LOTZ S L. Understanding Online B-to-C Relationships: An Integrated Model of Privacy Concerns, Trust, and Commitment [J]. Journal of Busines Research, 2006, 59 (8): 877-886.

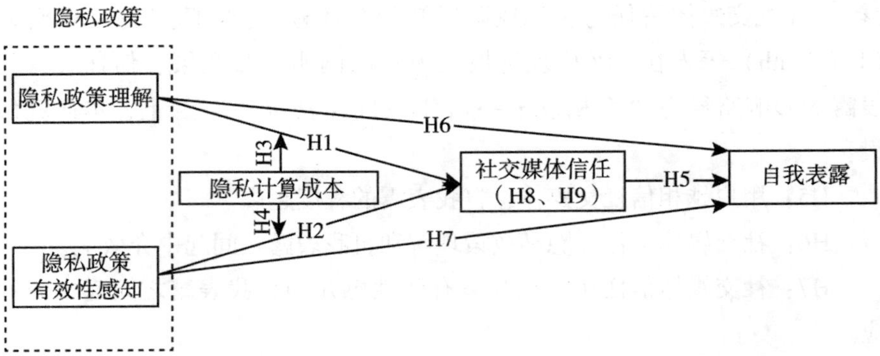

图 1-1　假设模型

四、研究方法

（一）问卷设计

问卷发放时间为 2020 年 1—2 月，本研究共设立 7 个独立量表，另附人口统计学调查和社交媒体使用行为调查，每部分对应 3～6 个问项，选项中采用李克特五级量表方法（见表 1-1），从低到高代表“不认同”和“极其认同”。调查问卷采用在线调查的形式，用户来源为各社交媒体用户，收集方式为滚雪球及问卷星网页推荐。样本总量为 613 份，经多种方式筛选后保留有效样本 579 份。

表 1-1　**变量测量表**

变　量	量　表
隐私政策理解①	我能够较好地理解隐私政策的内容 隐私政策中没有内容使我感到困惑 我认为隐私政策中没有我不懂的内容 我认为隐私政策没有使用令人难以理解或容易混淆的语言

① MILNE G R，CULNAN M J. Strategies for Reducing Online Privacy Risks：Why Consumers Read（Or Don't Read）Online Privacy Notices［J］. Journal of Interactive Marketing，2010，18（3）：15-29.

续表

变　量	量　表
隐私政策有效性感知①	我认为隐私政策侧重于保护用户的隐私 我认为隐私政策是有效的 通过隐私政策，我相信社交媒体会对我的个人资料保密 我认为隐私政策是完善的，无需改进。
社交媒体信任②	我认为社交媒体是值得信任的 我认为社交媒体会保护我的个人隐私信息 我认为社交媒体不会滥用我的个人隐私信息 我认为社交媒体会按照隐私政策内容，如实履行义务和承担责任 我认为在社交媒体上分享的个人隐私信息是安全的
自我表露③	我通常会在社交媒体中表露自己的个人信息 我在朋友圈、微博等社交媒体中留下了我的个人信息 我在社交媒体上分享多种多样的个人话题 我在社交媒体上分享如个人照片、地址定位等信息 我不介意将我的个人信息放到社交媒体上
隐私计算成本④⑤	我认为在社交媒体上发布个人信息对我的生活是有用的 我认为在社交媒体上发布个人信息有助于塑造我良好的个人形象 在社交媒体上发布个人信息有利于帮助我增进与好友的关系 在社交媒体上发布个人信息有利于帮助他人更好地认识我 我认为在社交媒体上提交个人信息具有危险性 在社交媒体中提交的个人信息有可能会被泄露 社交媒体过多地索取我的个人隐私信息 我认为在社交媒体上提交的个人信息有可能会被不恰当地使用

① WANG E S T. Effects of Brand Awareness and Social. Norms on User-Perceived Cyber Privacy Risk [J]. International Journal of Electronic Commerce, 2019, 23 (2): 272-293.

② FOGEL J, NEHMAD E. Internet social network communities: Risk taking, trust, and privacy concerns [J]. Computers in Human Behavior, 2009, 25 (1): 153-160.

③ MAYER R C, DAVIS J H, SCHOORMAN F D. An integrative model of organizational trust [J]. Academy of Management Review, 1995, 20 (3): 709-734.

④ XU H. Consumer responses to the introduction of privacy protection measures: an exploratory framework [J]. international Journal of E-Business Research, 2009 (20): 21-47.

⑤ 聂勇浩，罗景月．感知有用性、信任与社交网站用户的个人信息披露意愿［J］．图书情报知识，2013（5）：89-97.

（二）描述性统计

本次研究样本男女比例较为均衡，其中男性占比达42.1%，女性占比达57.9%。年龄段以青年群体为主，16—24岁人群占比达48.7%，25—34岁人群占比达30.6%，这与凯度传媒（Kantar Media CIC）全社交媒体用户样本调查结果相符合。① 凯度传媒（Kantar Media CIC）调查结果显示，2018年15—34岁社交媒体用户占比高达61%，34岁以下人群依然是社交媒体的主要用户群。此外，74.1%的研究对象使用社交媒体1年以上。这表明本研究中的研究对象大部分使用社交媒体的时间较长，能够较好地理解研究情境，结合亲身经历填写问卷。

五、模型验证

（一）模型路径分析

本研究拟采用SPSS软件进行数据分析，利用Cronbach'α值、组合信度（CR）和平均方差抽取量（AVE）来检验问卷的可靠性、信效度。如表1-2所示，各量表KMO都大于0.7，α值均大于0.5，AVE得分大于0.5，CR值均大于0.6，这说明本研究信度效度良好，具有良好的收敛效度和判别效度。

表1-2　**描述性统计、相关性分析和信效度**

变量	平均值	标准差	α值	KMO	AVE	CR	1.	2.	3.	4.	5.
1. 隐私政策有效性感知	3.206	0.77	0.717	0.706	0.555	0.831	1				
2. 隐私政策理解	3.171	0.742	0.771	0.750	0.594	0.854	0.635***	1			
3. 社交媒体信任	3.082	0.786	0.840	0.847	0.612	0.887	0.720***	0.649***	1		

① KANTAR MEDIA CIC. 2018年中国社会化媒体生态概览［EB/OL］.（2018-08-20）［2019-08-07］. https：//cn. kantar. com.

续表

变量	平均值	标准差	α 值	KMO	AVE	CR	1.	2.	3.	4.	5.
4. 隐私计算成本	3.453	0.726	0.564	0.785	0.626	0.921	0.313***	0.241***	0.445***	1	
5. 自我表露	3.108	0.807	0.825	0.826	0.591	0.852	0.400***	0.372***	0.497***	0.420***	1

注：* 代表 $p<0.05$，** 代表 $p<0.01$，*** 代表 $p<0.001$。

为关注变量间的因果关系，本研究采用 Enter 法估计路径系数并检验是否显著。如图 1-2 所示，假设 H1、H2、H5 均被证实，即隐私政策理解正向影响社交媒体信任、隐私政策有效性感知正向影响社交媒体信任、社交媒体信任正向影响自我表露。

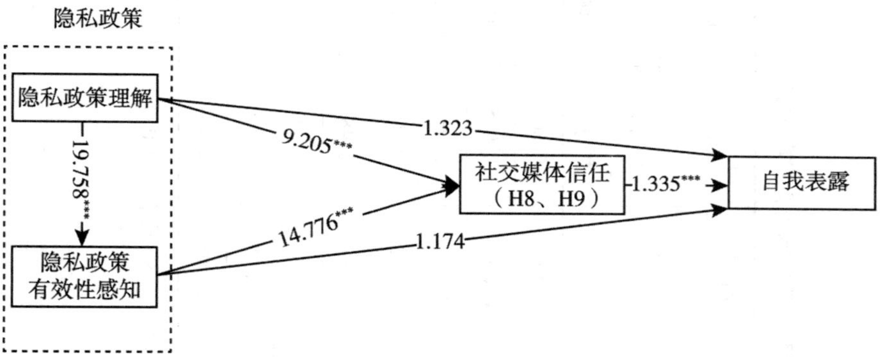

注：* 代表 $p<0.05$，** 代表 $p<0.01$，*** 代表 $p<0.001$。

图 1-2　路径系数模型图

（二）被调节的中介效应检验

如表 1-3 所示，自变量隐私政策理解与调节变量隐私计算成本的交互项显著（$t=2.985$，$p=0.003<0.01$），故隐私计算成本在隐私政策内容理解与社交媒体信任间的调节效应存在。所以在当用户的隐私计算成本越低时，用户对隐私政策的内容理解的提高会促进其对社交媒体的信任度增加。自变量隐私政策有效性感知与调节变量隐私计算成本的交互项显著（$t=4.003$，$p=0.000<0.01$），所以隐私计算成本在隐私政策有效性感知与社交媒体信任间的调节效应存在。在隐私计算成本低的情境中，用户对隐私政策的内容理解越深，对社交媒体的信任度程度也就越高。故假设 H3、H4 均成立。

表 1-3 隐私计算成本的调节效应检验

模型		未标准化系数		标准化系数	t	显著性	调整后 R^2	ΔR^2	ΔF
		β	标准误差	Beta					
1	隐私政策理解	3.048	0.159	0.576	19.156	0.000***	0.508	0.510	299.934
	隐私计算成本	2.633	0.258	0.306	10.192	0.000***			
2	隐私政策理解	0.655	0.817	0.124	0.802	0.423	0.515	0.008	8.912
	隐私计算成本	0.005	0.917	0.001	0.005	0.996			
	交互项	0.041	0.014	0.61	2.985	0.003**			
3	隐私政策有效性感知	3.29	0.147	0.644	22.462	0.000***	0.571	0.573	385.709
	隐私计算成本	2.093	0.247	0.243	8.487	0.000***			
4	隐私政策有效性感知	0.507	0.710	0.100	0.714	0.475	0.582	0.012	16.024
	隐私计算成本	1.005	0.811	0.117	1.239	0.216			
	交互项	0.048	0.012	0.749	4.003	0.000***			

注：（1）因变量：社交媒体信任；（2）*** 代表 $p < 0.001$，** 代表 $p < 0.01$，* 代表 $p < 0.05$。

为了更直观地观察隐私计算成本对隐私政策内容理解和有效性感知的调节，本研究参照已有研究数据绘制了调节效应图，分别在高分组（（+1SD））和低分组（（-1SD））的情况下，讨论了隐私政策内容理解和有效性感知对社交媒体信任的作用。如图1-3所示，在低隐私计算成本组，随着隐私政策内容理解和有效性感知的提高，社交媒体信任呈现直线上升的趋势。同时由图也可知，上图斜率比下图斜率更大，这说明了隐私计算成本对隐私政策有效性感知的调节作用更加明显。

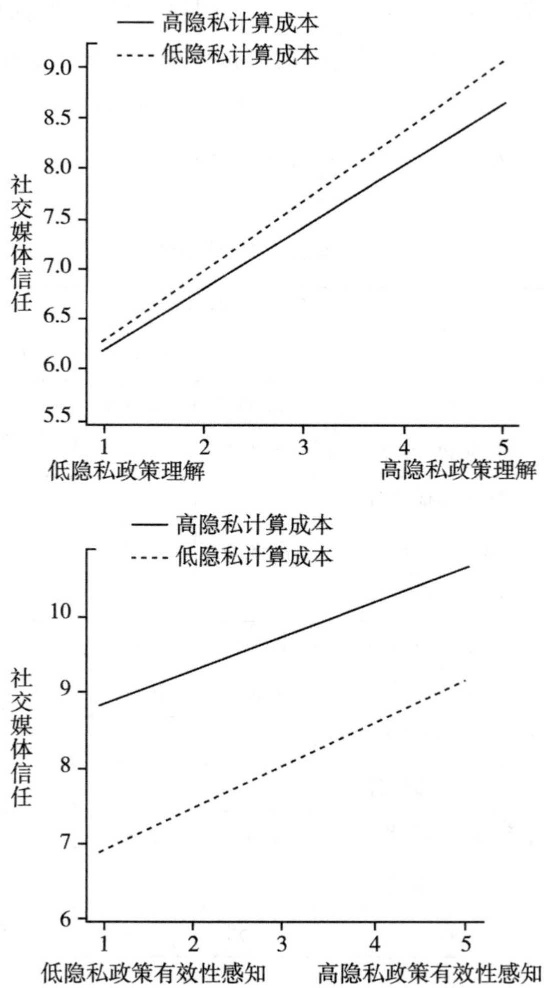

注：高隐私计算成本值为1，低隐私计算成本值为-1。

图1-3　隐私计算成本调节效应图

如表 1-4 所示，当社交媒体信任发挥中介效应时，隐私政策内容理解对自我表露的影响显著（t=7.879，p=0.000<0.01），这说明中介效应作用显著，使得二者相关性从不显著变至显著。中介效应中的间接效应（置信区间为［0.2208，0.3576］）和总效应（置信区间为［0.2751，0.4608］）置信区间均不包含 0，因此社交媒体信任中介的间接效应和总效应显著，其中中介效应占比为 80.776%。如表 1-4 所示，当社交媒体信任发挥中介效应时，隐私政策有效性感知对自我表露的影响从不显著转为显著（t=10.497，p=0.000<0.01），这说明社交媒体信任中介效应作用显著。如表 1-4 可示，中介效应中的直接效应（0.0302，0.2029）、间接效应（0.2302，0.3975）、总效应（0.3039，0.4904）置信区间均不包含 0，中介效应占比为 78.2%。故 H7、H8 成立。

表 1-4　**社交媒体信任的中介模型检验**

结果变量	预测变量	系数显著性		拟合指标	
		t	p	R^2	F
自我表露	社交媒体信任	8.042	0.000	0.252	71.341
	隐私政策理解	1.475	0.141		
自我表露	社交媒体信任	—	—	0.138	62.074
	隐私政策理解	7.879	0.000		
社交媒体信任	社交媒体信任	—	—	0.422	374.51
	隐私政策理解	19.352	0.000		
自我表露	社交媒体信任	8.358	0.000	0.251	96.598
	隐私政策有效性感知	1.68	0.094		
自我表露	社交媒体信任	—	—	0.1603	110.1842
	隐私政策有效性感知	10.497	0.000		
社交媒体信任	社交媒体信任	—	—	0.519	622.724
自我表露	社交媒体信任	8.358	0.000	0.251	96.598

本研究选用 PROCESS 宏命令的 Model7，通过 Booststraping 法进行被调节的中介效应检验。选定构造交互项对中介变量社交媒体信任和自变量对因变量自我表露的回归，如果两次回归的置信区间不包含 0，则说明被

调节的中介效应存在。

如表 1-5 所示，隐私政策内容理解和隐私计算成本的交互项对社交媒体信任的影响显著（95%的置信区间为［0.0497，0.2916］），并且中介变量对自我表露的影响依旧显著，置信区间不包含 0（95%的置信区间为［0.3435，0.5655］）。因此，隐私计算成本的被调节的中介效应显著，这表明当用户的隐私计算成本较低时，即当用户处于高感知收益低隐私忧虑的情境时，隐私政策内容理解通过社交媒体信任对自我表露的间接影响就越强，故 H8 得到验证。隐私政策有效性感知和隐私计算成本的交互项对社交媒体信任的影响显著（95%的置信区间为［0.0944，0.3086］），并且中介变量对自我表露的影响依旧显著，置信区间不包含 0（95%的置信区间为［0.3349，0.5579］）。因此，隐私计算成本对自我表露的被调节的中介效应显著，也就是说在隐私计算成本较低时，隐私计算成本在隐私政策有效性感知、社交媒体信任、自我表露关系间起到了显著的调节作用，故 H9 得到验证。

表 1-5　被调节的中介效应检验

<table>
<tr><td>回归方程</td><td rowspan="2">预测变量</td><td rowspan="2">coeff</td><td rowspan="2">se</td><td colspan="2">回归系数显著性</td><td rowspan="2">LLCI</td><td rowspan="2">ULCI</td><td colspan="2">整体拟合指标</td></tr>
<tr><td>结果变量</td><td>t</td><td>p</td><td>R</td><td>R2</td></tr>
<tr><td rowspan="3">社交媒体信任</td><td>隐私政策理解</td><td>0.614</td><td>0.035</td><td>17.428</td><td>0.000</td><td>0.545</td><td>0.683</td><td rowspan="3">0.720</td><td rowspan="3">0.518</td></tr>
<tr><td>隐私计算成本</td><td>0.542</td><td>0.057</td><td>9.501</td><td>0.000</td><td>0.430</td><td>0.654</td></tr>
<tr><td>交互项</td><td>0.171</td><td>0.062</td><td>2.771</td><td>0.006</td><td>0.05</td><td>0.292</td></tr>
<tr><td rowspan="2">自我表露</td><td>社交媒体信任</td><td>0.455</td><td>0.057</td><td>8.042</td><td>0.000</td><td>0.344</td><td>0.566</td><td rowspan="2">0.502</td><td rowspan="2">0.252</td></tr>
<tr><td>隐私政策理解</td><td>0.092</td><td>0.063</td><td>1.475</td><td>0.141</td><td>-0.031</td><td>0.215</td></tr>
<tr><td rowspan="3">社交媒体信任</td><td>隐私政策有效性感知</td><td>0.672</td><td>0.034</td><td>19.771</td><td>0.00</td><td>0.605</td><td>0.738</td><td rowspan="3">0.764</td><td rowspan="3">0.584</td></tr>
<tr><td>隐私计算成本</td><td>0.445</td><td>0.05</td><td>8.847</td><td>0.00</td><td>0.346</td><td>0.544</td></tr>
<tr><td>交互项</td><td>0.202</td><td>0.055</td><td>3.695</td><td>0.000</td><td>0.094</td><td>0.309</td></tr>
<tr><td rowspan="2">自我表露</td><td>社交媒体信任</td><td>0.446</td><td>0.057</td><td>7.862</td><td>0.000</td><td>0.335</td><td>0.558</td><td rowspan="2">0.501</td><td rowspan="2">0.251</td></tr>
<tr><td>隐私政策有效性感知</td><td>0.092</td><td>0.063</td><td>1.459</td><td>0.145</td><td>-0.032</td><td>0.215</td></tr>
</table>

六、研究结论与意义

早前研究多从态度、行为控制等角度探讨了用户社交媒体自我表露行为的发生机制，但是用户的社交媒体互动行为是复杂多样和与各主体紧密相联的，除了用户个体和社会等因素外，还应该有社交媒体平台因素在其中。本研究借鉴 APCO 理论模型的研究框架，结合隐私计算理论，旨在研究隐私政策与自我表露的影响机制。虽然以往研究发现隐私政策与自我表露存在影响关系，但并未阐述二者关系究竟是如何发生的。基于此，本研究以全新的视角将隐私计算成本引入“隐私政策→信任→自我表露”框架中，对隐私政策进行维度细分和因素具象化，验证社交媒体信任的中介效应及隐私计算成本的调节效应，以此构建隐私政策与自我表露的被调节的中介模型，对隐私政策和社交媒体使用研究体系进行有益补充和完善。由隐私政策延伸出的隐私政策有效性感知和理解自变量，也使得对隐私政策的作用感知测量更加精准。主要得到以下结论：

其一，研究结果显示，隐私政策理解的加深和有效性感知的增强会正向影响社交媒体信任，后者影响力更强。隐私政策通常能够展现社交媒体保护隐私的能力和决心，当用户对隐私政策理解越深和对其有效性感知越强时，用户对社交媒体信任随之增加。因此，社交媒体企业可以采用多种方法提高用户对隐私政策的理解和有效性感知，如采取重点内容加粗、设置阅读互动环节等方式完善隐私政策，以提高用户信任。

其二，隐私计算成本在隐私政策与社交媒体信任路径中的调节效应显著。APCO 模型对隐私政策与自我表露之间的讨论忽略了其作用情境，本研究进一步验证隐私计算成本的调节效应，完整地范畴化社交媒体使用情境，弥补 APCO 模型对于这一问题的忽视。当隐私计算成本较低时，即感知收益大于隐私忧虑，隐私政策理解和有效性感知对社交媒体信任的直接预测效应更加显著，后者调节效应更加显著。绝大部分消费者都是隐私实用主义者，他们通过理性选择来实现个人利益的最大化。[①] 理性选择会促使用户按照市场逻辑来判断网络服务提供者的可靠性。基于理性，隐私计算理论将个体的隐私关注解释为个体通过发布隐私信息来实现某方面的利

① 邵成圆．重新想象隐私：信息社会隐私的主体及目的［J］．国际新闻界，2019，41（12）：44-57.

益交换,[①] 隐私计算成本能够在隐私关注和隐私行为反应间起调节作用。[②]本研究把隐私政策视为隐私关注的具体表现，将社交媒体信任视为一种行为反应。接触隐私政策是用户与社交媒体进行交易的第一步，此时隐私政策被默认为是两者的交易准则。当交易准则能够满足用户的利益和安全需求时，社交媒体可获得初步信任，交易将继续进行。该发现有助于增强 APCO 模型与隐私计算之间的理论联系，丰富和拓展隐私信息研究。

其三，与以往研究不同的是，本研究并非仅探讨用户隐私政策认知与信任间的直接关系，还进一步研究社交媒体信任在隐私政策与自我表露之间的中介效应。中介效应显著说明用户通过隐私政策了解社交媒体的能力描述及结构性的风险评估保证后，会更加相信社交媒体的能力和遵守契约精神，进而感知社交媒体通过隐私政策所发挥的隐私保护力，从而建立对社交媒体信任，最终产生自我表露行为。本研究还发现社交媒体信任在隐私政策内容理解与自我表露影响路径中的中介效应强于社交媒体信任在隐私政策有效性感知与自我表露影响路径中的中介效应。在这两种路径中，隐私政策可以让用户对网站产生信任感，也就是用户通过隐私政策了解到社交媒体的能力描述及结构性的风险评估保证，进而感知到社交媒体通过隐私政策所发挥的隐私保护力，从而建立对社交媒体的信任感，最终产生自我表露行为。因此社交媒体若能及时把隐私信息的使用和处理程序通过隐私政策告知用户，用户隐私忧虑会随之降低，对社交媒体的信任也会逐渐提高。这反映出 APCO 模型中不仅隐私关注可作为中介发挥作用，社交媒体信任还可能发挥中介效应。这也进一步佐证扩充 APCO 模型的必要性。从“ZAO 隐私协议被质疑”事件中可发现，人们对于隐私政策的关注度在逐渐上升。“敢于质疑”“敢于抗争”的舆论氛围侧面说明人们愈发意识到了隐私政策的重要性，这正是本研究的现实价值。从社交交换理论来说，随着隐私政策的内容越来越被理解和人们越发理性地感知隐私政策的有效性、重视交换资源的规则，交换的次数也会不断增加，用户可能会愿意增加自我表露的行为，在这一过程中，社交媒体信任有着承前启后的作用。当然，前提是交换规则即隐私政策需越来越规范和符合双方的利益需求。

此外，研究结果表明，社交媒体信任不仅是单个路径的中介，还是整

---

① SMITH J H, DINEY T, Xu H. Information Privacy Research: An Interdisciplinary Review [J]. Social Science Electronic Publishing, 2011, 35 (4): 989-1015.

② 朱侯. 社交媒体用户隐私关注的心理机制研究 [J]. 图书情报知识, 2016 (2): 75-82.

体模型的中介。社交媒体信任会受到隐私政策理解和隐私政策有效性的正向影响，并将这种影响正面地施加给自我表露行为。当用户认为自己能够较好地理解隐私政策、懂得隐私政策的存在价值时，他们会更加相信社交媒体的隐私保护能力和遵守契约的精神，增强的社交媒体信任会进而促进自我表露行为。通过整合 APCO 模型路径及隐私计算理论，本研究构建出隐私政策与自我表露的被调节的中介模型，从隐私计算的理论视角试图解释“隐私政策→社交媒体信任→自我表露”整体关系如何随着用户隐私计算成本的不同而发生变化，较为全面地揭示隐私政策与自我表露的影响机制以及发生情境。在这一过程中，社交媒体信任有着承前启后的作用，这使得隐私政策与自我表露研究体系更加完整与独立。

本研究结果可为各主体提供以下启示和建议：①隐私政策对社交媒体信任有显著影响。社交媒体需坚持透明性原则，提高隐私政策可读性。隐私政策不宜过长过短，少采用晦涩难懂的语言，重点部分用特殊痕迹表示，以增强用户对隐私政策的理解。隐私政策详尽说明隐私数据的来龙去脉，提高隐私政策的信息明确度。②用户需重视理性选择，需要提高风险认知和隐私计算能力。建议提高用户隐私素养，缓解隐私悖论现象，加强用户的隐私保护意识。③当社交媒体获取信任后，用户会提高自我表露的程度，个人隐私信息也可能会被泄露。故监管者需明确隐私侵权边界，设立隐私政策审核制和搭建由政府统一管理的社交媒体大数据平台。

本研究的不足之处主要有：第一，本研究考虑了公众认知对隐私政策的态度与自我表露的影响路径，但忽略社会规范、文化等外在环境也会影响公众对隐私政策的评价，将外在环境因素纳入研究范围是未来的研究方向；第二，本研究假设用户对隐私政策的理解和有效性感知正向影响社交媒体信任，研究数据也证实了这一假设，但是忽视了社交媒体信任是否会影响隐私政策这一问题，因此其他变量间的相互关系也将是未来的研究方向。

第二章　社会化算法推荐下青年人的隐私管理与媒体使用研究：个性化信息接受意愿与隐私关注的链式中介效应

一、引　　言

随着传播技术的迅速发展，微博凭借着独有的社交服务特色和便捷的传播方式赢得网民的青睐，逐渐成为网民意见表达与沟通的重要社交平台，并推动社会话语生态体系的嬗变。与传统媒体相比，微博最突出的特征是它属于偏弱关系的社交网络，这种网络大多依托用户的个人兴趣及社交关系而建立。微博通过强大的社会化推荐算法满足用户个性化行为需求和偏好。

社会化推荐算法是指一种高效的信息过滤技术，能够结合社会网络的特点，模拟现实社会中的推荐过程，在分析用户历史行为和社交关系的基础上，主动向用户推荐他们感兴趣的内容，满足他们的信息需求。① 如此一来，平台可借助社会化推荐算法快速挖掘用户可能感兴趣的内容及广告，有效实现用户间的个性化信息聚集，为用户提供精准化、个性化的社会化信息服务。② 社会化推荐算法为用户提供更多的自我表达和建立社交关系的可能性，用户也乐于表达观点并珍惜建立独特身份的机会。③

---

① 郭磊，马军，陈竹敏，姜浩然．一种结合推荐对象间关联关系的社会化推荐算法［J］．计算机学报，2014，37（1）：219-228.

② 高明，金澈清，钱卫宁，王晓玲，周傲英．面向微博系统的实时个性化推荐［J］．计算机学报，2014，37（4）：963-975.

③ ZHANG L，PENTINA I. Motivations and usage patterns of Weibo［J］. Cyberpsychology Behavior & Social Networking，2012，15（6）：312-317.

微博通过社会化推荐算法进行信息收集时，用户隐私有被泄露的风险。2020 年有微博用户发现自己的手机号码被微博数据库泄露，而数据库的内容来源于微博社会化推荐算法对用户的信息收集。后《南方都市报》调查发现，有 5.38 亿微博用户绑定的手机号数据被窃取，其中 1.72 亿账号包含个人基本信息。① 另外，由于微博具备开放性、社会化等特点，导致用户的微博内容极易被他人获取。一旦数据库被攻击，就可能会带来身份信息被盗、名誉损害、经济损失等不良后果。对于微博用户来说，进行隐私管理是提高抵御隐私风险能力即隐私风险免疫力的最佳方式。

对于大部分微博用户来说，隐私管理并非易事。95%的微博用户为 40 岁以下的青年群体，② 而中国青年群体的隐私意识并不高。据报告显示，80%的青少年缺乏个人隐私保护意识。③ 加之较于中老年人，青年人会过于高估政府和平台保护个人隐私的能力。④ 因此，深入调查中国微博青年用户的隐私管理行为有利于提升其隐私保护意识，以减少对网络资源的浪费和网络环境的污染。

从早前研究来看，很难推断出微博青年人用户隐私保护态度和隐私管理状态。首先，美国等西方国家与中国存在较大的社会语境差异，以及文化差异等，因此美国等国的这类研究结果并不能代表中国青年人群体的隐私保护意识。然后，中国研究者对于青年的隐私研究聚焦于微信，而微博与微信在算法基础、平台属性、产品形态、传播属性、用户关系等方面存在本质性差别，故微博用户的隐私管理行为值得深入研究。鉴于此，本研究旨在研究社会化推荐算法中，微博青年用户隐私管理行为的影响因素，以期提出用户优化隐私管理行为的策略。本研究将基于传播隐私管理理论，研究微博用户的隐私素养对隐私管理行为（隐私表露、隐私控制、人际管理）的影响，验证个性化信息接受意愿、隐私关注在隐私素养与隐私管理之间的链式中介效应。

---

① 蒋琳．微博 5 亿用户手机号疑在暗网出售！惊动微博高层［EB/OL］．（2020-03-19）［2022-05-01］．https：//www. sohu. com/a/381413221_161795.

② 蓝鲸 TMT. 微博活跃用户达 4.3 亿，16 到 25 岁人群占比 61%［EB/OL］．（2019-01-30）［2022-05-01］．https：//www. chinaz. com/news/2019/0130/988669. shtml.

③ 王开广．调查发现八成青少年缺乏个人隐私保护意识［N］．法制日报．（2016-2-17）［2022-05-01］．https：//www. chinanews. com. cn/sh/2016/02-17/7760628. shtml.

④ HOOFNAGLE C J，KING J，LI S，et al. How Different are Young Adults from Older Adults When it Comes to Information Privacy Attitudes and Policies?［EB/J］.（2010-04-14）［2019-05-12］. https：//ssrn. com/abstract = 1589864.

二、文献综述与研究假设

（一）传播隐私管理理论

隐私常被视为私人生活中的不愿诉诸公众社会或为不愿被他人知悉、干预的情况和事态。从法学角度来说，隐私被视为一种权利。如法学家丹尼尔·索勒夫（Daniel Solove）认为“隐私权是指他人所享有的支配何时、对何人和以何种方式公开其个人信息的权利”①。从中可知个体有权进行隐私管理。既然是管理，那么这其中必然存在管理的边界。由此，隐私管理的可能性印证了隐私边界的存在。隐私边界指个人愿意将信息与对方分享与否的界线。隐私边界是传播隐私管理理论（Communication Privacy Management Theory，CPM）存在的重要假设和前提。CPM 理论所强调的隐私边界是指公共领域和私人领域的传播分界线。CPM 理论最早由美国研究者桑德拉·佩特罗尼奥（Sandra Petronio）所提出，他认为 CPM 理论可以用来解释人们如何做出判断，进而与他人管理自己私人信息的交流方式。②

CPM 理论三大核心元素为隐私所有权（privacy ownership）、隐私控制（privacy control）和隐私动荡（privacy turbulence）。③ CPM 理论框架也主要基于这三大核心而展开讨论，如下所示：

第一，个体不仅能自主意识到隐私的存在，还相信自己拥有对隐私的控制权。如在进行自我表露时，个体可以决定与他人分享哪些隐私信息，及决定与谁分享隐私。这种控制能力和自信心是隐私素养的重要研究问题。因此笔者推测隐私素养可对隐私管理产生影响，并以此探讨青年群体的隐私素养对隐私管理行为的影响机制。

第二，个体可通过调节所有权和控制其私人信息来调整隐私边界，主

① SOLOVE D J. Conceptualizing privacy ［J］. California Law Review，2002，90：1087-1155.

② PETRONIO S. Communication Boundary Management：A Theoretical Model of Managing Disclosure of Private Information between Marital Couples ［J］. Communication Theory，1991，1（4）：311-335.

③ 王绍蓉，李翊丰．传播隐私管理观点探讨脸书使用者之社群平台转换意图［J］．电子商务学报，2016，18（2）：103-133.

要是使用隐私规则来决定是否公开或者隐藏隐私信息。隐私规则是一种规范隐私边界管理的衡量标准，一般包含如年龄等边界渗透、边界拥有、边界连结等差异要素。边界渗透是指微博用户自我表露的数量、广度与深度，基于此的隐私管理行为为隐私表露，即个体对隐私信息的表露控制；边界拥有关注的是用户认为其好友能够在多大程度上拥有自己的微博信息，基于此的隐私管理行为为隐私控制，即个体对隐私信息的控制；边界连结是指除了现有的信息共同所有者外，还有哪些人可以进入隐私边界内，基于此的隐私管理行为为人际管理，即用户对人际关系方面的隐私管理。① 由此，本研究将隐私表露、隐私控制、人际管理视为隐私管理行为的三个具体表象。

第三，在进行互动或其他网络行为时，隐私边界会随着传播的情境发生变动。当隐私发生动荡时，边界变动的风险可能随之即来。解决隐私动荡的方法通常包括：删除或校正隐私规则的适当功能。解决动荡实质是通过收回个人隐私控制权以更大程度地保护个人隐私。

以往的研究发现，关于 Facebook 用户隐私管理的研究均可以运用 CPM 理论框架加以解释，② 这也是社交媒体研究领域的新趋势。以往这类研究一方面集中于消费者和营销人员的隐私交易研究，如斯蒂芬·科里·罗宾逊（Stephen Cory Robinson）基于 CPM 理论，针对自我表露和隐私管理关系提出新机制，建立对消费者和营销人员都适用的隐私边界。③ 另一方面，聚焦于探讨用户在社交媒体中的自我表露行为，如李凯等人以 CPM 理论作为研究框架，发现用户社交网络的规模和博客的长度与用户的自我表露模式没有显著相关，而博客数量始终与隐私表露模式具有正相关关系。④ 这两类研究均重点研究了隐私管理所带来的影响，而忽略隐私

① CHILD J T, PEARSON J C, PETRONIO S. Blogging, communication, and privacy management: Development of the blogging privacy management measure [J]. Journal of the American Society for Information Science and Technology, 2009, 60 (10): 2079-2094.

② JEFFREY T C, SANDRA P. Unpacking the paradoxes of privacy in CMC relationships: The challenges of blogging and relational communication on the internet [M] //WRIGHT K B, WEBB L M. Computer-mediated communication in personal relationships. Peter Lang Publishing.: New York, 2011: 21-40.

③ ROBINSON S C. Self-Disclosure and Managing Privacy: Implications for Interpersonal and Online Communication for Consumers and Marketers [J]. Journal of Internet Commerce, 2017, 16 (1-4): 385-404.

④ LI K, LIN Z, WANG X. An empirical analysis of users' privacy disclosure behaviors on social network sites [J]. Information & management, 2015, 52 (7): 882-891.

管理是一个高度动态和情景化的过程。若不对隐私管理机制进行深入研究，很难对其影响结果作出科学性的判断，因此这也会限制 CPM 理论发展的普适性。故本研究以 CPM 理论作为理论基础，将青年人的隐私管理问题放置在个性化算法推荐的微博场域中来探讨，研究青年人的微博隐私管理行为及其影响因素。

（二）隐私素养与隐私管理

近年来，用户在为个人隐私安全问题担忧的同时，却又毫不犹豫地用自己的隐私换取更加便利的用户体验，这一互相矛盾的现象被称作“隐私悖论”。① 萨宾·特雷普特（Sabine Trepte）等人研究表明，产生隐私悖论的主要原因之一是用户缺乏隐私保护工具的相关知识和技能应用，即缺乏隐私素养（Privacy Literacy）。② 隐私素养最初被定义为“用户对与之交互的信息环境及其在内的责任的理解”③，而后被研究者进一步完善为“人们对信息在网络环境中如何被跟踪和使用以及信息如何被保留或丢失的理解程度”④。萨宾·特雷普特等人认为隐私素养是用户对网络隐私保护的陈述性和程序性知识的结合，陈述性知识指用户拥有的关于在线隐私保护的技术方面及法律、规定、制度等方面的知识（Knowing What），而程序性知识指用户拥有的关于隐私保护和监管策略的实际实施、技能的知识（Knowing How）。⑤ 当用户了解并能够熟练运用隐私保护工具时，用户就不会因担心自己的个人隐私被泄露而不知所措，他们可以根据自己所掌握 的个人隐私保护知识去利用工具对隐私进行保护设置，从而消除“内

① BARNES S B. A privacy paradox: Social networking in the United States [J]. First Monday, 2006, 11 (9).

② TREPTE S , TEUTSCH D, MASUR P K, et al. Do People Know About Privacy and Data Protection Strategies? Towards the “Online Privacy Literacy Scale” (OPLIS) [M] // Reforming European Data Protection Law. Springer Netherlands, 2015: 333-365.

③ Langenderfer J, Miyazaki A D. Privacy in the information economy [J]. Journal of Consumer Affairs, 2009, 43 (3): 380-388.

④ JAEGER P T. CHERIE L. Givens, information privacy fundamentals for librarians and information professionals [J]. Library Quarterly Information Community Policy, 2016, 86 (2): 236-237.

⑤ TREPTE S, TEUTSCH D, MASUR P K, et al. Do People Know About Privacy and Data Protection Strategies? Towards the “Online Privacy Literacy Scale” (OPLIS) [M] // Reforming European Data Protection Law. Springer Netherlands, 2015: 333-365.

心里担忧个人隐私泄露，而行动上又不知不觉地暴露个人隐私”这种不一致现象。因此了解网民的隐私素养对于增强其隐私保护能力、隐私风险免疫力、隐私管理能力有一定的正面影响。

众多研究者认为隐私素养作为隐私管理行为的预测指标而受到关注。[①②] 也有人认为，具有较高的隐私知识的人会更在意个人的隐私保护。[③] 研究表明，在使用 SNS 的背景下，拥有技术技能和对隐私设置的熟悉程度与更改隐私设置成正相关。[④⑤] 而隐私知识、隐私保护技能正是隐私素养的核心组成。综上，隐私素养的提高可以改善用户隐私管理行为，[⑥] 甚至进而形成抵御隐私风险的免疫力。基于此，提出如下假设：

H1：隐私素养对用户的隐私管理行为具有显著的正向影响。

（三）个性化信息接受意愿的中介效应

微博社会化推荐系统依托于用户兴趣和社交关系所建立，因此微博能够实现对用户的个性化信息推荐，包括基于内容的兴趣挖掘和基于背景的兴趣挖掘。[⑦] 目前这种社会化推荐算法已经影响到用户与微博的关系，如两者的交互方式。对于微博来说，个性化信息推荐可帮助微博快速定位精准用户。[⑧] 对于用户来说，个性化推荐可以通过增加优质内容创作者的竞争来使消费者受益，从而降低访问内容的成本。[⑨]

---

① HARGITTAI E. Facebook privacy settings：Who cares？［J］. First Monday，2010，15（8）.

② DEBATIN B，LOVERJOY J P，HORN A K，et al. Facebook and online privacy：Attitudes，behaviors，and unintended consequences［J］. Journal of computer-mediated communication，2009，15（1）：83-108.

③ PARK Y J. Digital literacy and privacy behavior online［J］. Communication Research，2013，40（2）：215-236.

④ HARGITTAI E. Facebook privacy settings：Who cares？［J］. First Monday，2010，15（8）.

⑤ DEBATIN B，LOVERJOY J P，HORN A K，et al. Facebook and online privacy：Attitudes，behaviors，and unintended consequences［J］. Journal of computer-mediated communication，2009，15（1）：83-108.

⑥ ROSENTHAL S，WASENDEN O C，GRONNEVET G A，et al. A tripartite model of trust in Facebook：acceptance of information personalization，privacy concern，and privacy literacy［J］. Media Psychology，2020，23（6）：840-864.

⑦ 仲兆满，管燕，胡云，李存华．基于背景和内容的微博用户兴趣挖掘［J］．软件学报，2017，28（2）：278-291.

⑧ BANG H，WOJDYNSKI B W. Tracking users' visual attention and responses to personalized advertising based on task cognitive demand［J］. Computers in Human Behavior，2016，55：867-876.

⑨ KOX H，STRAATHOF B，ZWART G. Targeted advertising，platform competition，and privacy［J］. Journal of Economics & Management Strategy，2017，26（3）：557-570.

这种传播方式对微博来说可实现最大化商业价值，但对于用户来说存在隐私被过分获取的风险。因此用户对个性化信息的接受意愿有可能影响到用户的隐私管理行为。个性化信息接受意愿是指用户接受机构收集个人数据和体验机构为其所定制的服务的意愿。[①] 用户愿意接受个性化信息推荐则意味着愿意共享个人数据，这是用户换取社交媒体服务的资源和砝码。[②] 在线上新闻消费研究领域，有研究者发现当人们相信个性化的推荐会给他们带来更多样化的信息时，会更容易接受个性化的推荐。[③] 但并不是所有的用户都会接受。贾斯汀·约翰逊（Justin Johnson）研究表明，有针对性的广告可以使消费者获得更多的广告信息，但用户并不喜欢此类方式。[④] 由此可见，用户对于个性化信息接受的态度是复杂的，那么究竟什么因素会影响用户的个性化信息接受意愿？莱米·巴鲁（Lemi Baruh）等人发现隐私素养会与用户的在线服务使用意愿呈正相关，而个性化信息推荐恰为微博的特色信息服务。[⑤] 此外，桑尼·罗森塔尔（Sonny Rosenthal）等人将个性化信息接受意愿视为隐私素养与数据机构信任度、隐私关注与数据机构信任度之间的中介因素。[⑥] 综上，提出以下研究假设：

H2：个性化信息接受意愿在隐私素养对隐私管理行为的影响路径中存在中介效应。

（四）隐私关注的中介效应

隐私关注是隐私研究领域较为常见的一个研究变量，几乎所有与隐私

① ROSENTHAL S, WASENDEN O C, GRONNEVET G A, et al. A tripartite model of trust in Facebook: acceptance of information personalization, privacy concern, and privacy literacy [J]. Media Psychology, 2020, 23 (6): 840-864.

② SCHUMANN J H, WANGENHEIM F V, GROENE N. Targeted online advertising: Using reciprocity appeals to increase acceptance among users of free web services [J]. Journal of Marketing, 2014, 78 (1): 59-75.

③ BODO B, HELBERGER N, ESKENS S, et al. Interested in diversity: The role of user attitudes, algorithmic feedback loops, and policy in news personalization [J]. Digital Journalism, 2019, 7 (2): 206-229.

④ JOHNSON J P. Targeted advertising and advertising avoidance [J]. The RAND Journal of Economics, 2013, 44 (1): 128-144.

⑤ BARUH L, SECINTI E, CEMALCILAR Z. Online privacy concerns and privacy management: A meta-analytical review [J]. Journal of Communication, 2017, 67 (1): 26-53.

⑥ ROSENTHAL S, WASENDEN O C, GRONNEVET G A, et al. A tripartite model of trust in Facebook: acceptance of information personalization, privacy concern, and privacy literacy [J]. Media Psychology, 2020, 23 (6): 840-864.

态度相关的实证研究都离不开隐私关注。隐私关注指从人们的主观认知与感知的角度来识别隐私问题的根源，用于测量人们对隐私的理解或感知，有时也会用其他术语，如隐私信念、隐私感知或隐私态度来表示。① 隐私关注主要揭示在不同影响因素作用下，用户如何衡量、评估隐私价值及进行其他隐私决策。② 隐私关注最早是基于信息管理现象而提出的，因此并不能用传统的隐私关注概念分析社交媒体中用户的隐私行为，而应该结合社交媒体自身特色与传播特征理解、构建适用于社交媒体环境的概念。本研究所研究的隐私关注重点在于用户与他人的信息沟通、用户信息发布、信息控制能力三个维度。③

在不同网络环境中，隐私关注的影响因素也会有所不同。在电子商务环境中，用户的隐私关注会受到个体的认知因素、影响因素、个人经历和个性因素四方面的影响。④ 在社交媒体环境中，用户的个人特征、身份感知、交流环境感知会影响到隐私关注状况。⑤ 无论在何种网络环境中，个体的认知差异会造成用户的隐私关注差异。桑尼·罗森塔尔（Sonny Rosenthal）等人研究发现，隐私素养会影响到隐私关注与其他因素之间的关系，当个体的隐私素养提高时，其隐私关注也会有所增强，可对隐私失控做出较好的预测。⑥

在个性化在线互动的背景下，隐私关注和隐私保护行为呈正向影响关系。⑦ 随着消费者对隐私的关注日益加深，他们会通过删除姓名等个人详细

---

① KAUFFMAN R J, LEE Y J, PROSCH M, et al. A survey of consumer information privacy from the accounting information systems perspective [J]. Journal of Information Systems, 2011, 25 (2): 47-79.

② 胡昌平，仇蓉蓉．虚拟社区用户隐私关注研究综述［J］．情报理论与实践，2018，41（12）：149-154.

③ MIOR IBRHIM E N. Exploring informational privacy perceptions in the context of online social networks: a phenomenology perspective [C] //Symposium on Human Interface. Springer, Berlin, Heidelberg, 2011: 330-338.

④ CHEN J, PING W, XU Y, et al. Am I afraid of my peers? understanding the antecedents of information privacy concerns in the online social context [C] //Proceedings of the 30th International Conference on Information Systems (ICIS), Phoenix, USA, 2009: 174.

⑤ SMITH H J, MILBERG S J, BURKE S J. Information Privacy: Measuring Individuals' Concerns About Organizational Practices [J]. MIS Quarterly, 1996 (20): 167-196.

⑥ ROSENTHAL S, WASENDEN O C, GRONNEVET G A, et al. A tripartite model of trust in Facebook: acceptance of information personalization, privacy concern, and privacy literacy [J]. Media Psychology, 2020, 23 (6): 840-864.

⑦ TAYLOR D G, DAVIS D F, JILLAPALLI R. Privacy Concern and Online Personalization: The Moderating Effects of Information Control and Compensation [J]. Electronic Commerce Research, 2009, 9 (3): 203-223.

信息，或直接拒绝平台获取个人隐私信息等行为实现隐私保护。① 类似的现状在青年群体中同样存在，乔治·R. 米尔恩（George R. Milne）等人研究发现，大学生群体对隐私关注的程度会影响到在线隐私和私人身份保护，② 进而加强个人隐私管理，例如伪造信息，拒绝信息披露或交易，或从列表中删除个人信息，甚至还可能采用隐私保护技术避免与网站进行互动。③ 有研究表明，在使用社交媒体的情境中，用户的隐私素养会正向影响隐私管理行为。④⑤ 综上可推测，隐私素养与隐私关注存在影响关系，并且随着隐私关注的增强，用户的隐私管理行为也会有所增强。但是对于隐私关注在隐私素养与隐私管理行为之间的作用效果暂时并未得到研究者们的回应。又因为隐私关注与个性化信息接受意愿呈负相关，因此，提出以下假设：

H3：隐私关注在隐私素养对隐私管理行为的影响上存在着中介效应。

H4：个性化信息接受意愿、隐私关注在隐私素养与隐私管理之间起链式中介效应。

（五）性别的调节效应

在以往的隐私研究领域，不同性别人群的隐私态度和隐私行为受到广泛的研究关注。性别会造成隐私态度和隐私行为的差异，这主要因为男性和女性在表达信息的方式上会有所不同，⑥ 且女性在使用社交网络时对环境等因素更为敏感，⑦ 因此女性会对隐私表现出更多关注。⑧

---

① SHEEHAN K B, HOY M G. Flaming, complaining, and abstaining: How online consumers respond to privacy concern [J]. Journal of Advertising, 1999, 28 (3): 37-51.

② MILNE G R, CULNAN M J. Strategies for reducing online privacy risks: Why consumers read (or don't read) online privacy notices [J]. Journal of interactive marketing, 2004, 18 (3): 15-29.

③ LWIN M, WIRTZ J, WILLIAMS J D. Consumer online privacy concerns and responses: a power-responsibility equilibrium perspective [J]. Journal of the Academy of Marketing ence, 2007, 35 (4): 572-585.

④ HARGITTAI E. Facebook privacy settings: Who cares? [J]. First Monday, 2010, 15 (8).

⑤ DEBATIN B, LOVERJOY J P, HORN A K, et al. Facebook and online privacy: Attitudes, behaviors, and unintended consequences [J]. Journal of computer-mediated communication, 2009, 15 (1): 83-108.

⑥ KO H C, KUO F Y. Can blogging enhance subjective well-being through self-disclosure? [J]. Cyberpsychology & behavior, 2009, 12 (1): 75-79.

⑦ HAFERKAMP N, EIMLER S C, PAPADAKIS A M, et al. Men are from Mars, women are from Venus? Examining gender differences in self-presentation on social networking sites [J]. Cyberpsychology, Behavior, and Social Networking, 2012, 15 (2): 91-98.

⑧ Moscardelli D M, Divine R. Adolescents' Concern for Privacy When Using the Internet: An Empirical Analysis of Predictors and Relationships With Privacy - Protecting Behaviors [J]. Family & Consumer Sciences Research Journal, 2007, 35.

社交媒体的早前研究发现，女性使用更多的隐私设置来管理自己的隐私，例如取消标记照片或将个人资料设置为私人。① 与女性相比，男性会更愿意在社交媒体上进行自我表露和更少地参与隐私控制。② 无论是在线下的社交生活还是线上的社交媒体中，女性往往拥有更保守的社交网络，并向一个受限但亲密的社交网络透露更多信息，更谨慎地选择与某个“朋友”互动。男性往往拥有更开放的社交网络，对陌生人透露更多私人信息。③ 正如 CPM 理论所建议的：男性和女性以不同的方式定义自己的隐私边界，并制定一套独特的隐私管理策略。④ 因此，本研究拟通过比较男性和女性的数据，进而回答调节效应的问题，即性别是否会显著地调节假设模型中所表述的所有直接效应？综上，提出如下假设：

H5：性别调节隐私素养对个性化算法推荐的影响。

H6：性别调节隐私素养对隐私关注的影响。

H7：性别调节个性化算法推荐对隐私管理的影响。

H8：性别调节隐私关注对隐私管理的影响。

H9：性别调节隐私素养对隐私管理的影响。

综上所述，提出本研究的概念模型，如图 2-1 所示：

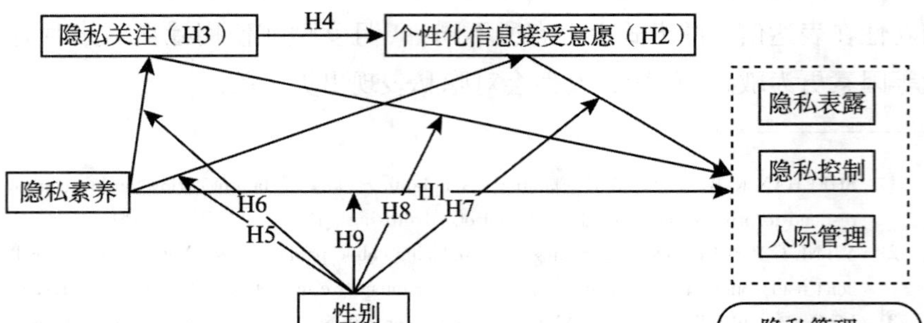

图 2-1 概念模型 43

① LIT E. Understanding social network site users' privacy tool use [J]. Computers in Human Behavior, 2013, 29 (4): 1649-1656.

② KO H C, KUO F Y. Can blogging enhance subjective well-being through self-disclosure? [J]. Cyberpsychology & behavior, 2009, 12 (1): 75-79.

③ LIU Q, YAO M Z, YANG M, et al. Predicting users' privacy boundary management strategies on Facebook [J]. Chinese Journal of Communication, 2017, 10 (3): 295-311.

④ Petronio S. Boundaries of privacy: Dialectics of disclosure [M]. New York: Suny Press, 2002.

三、数据获取与分析

（一）数据搜集与处理

本研究运用问卷调查法收集数据，并向“问卷星”样本库集中投放问卷。向大样本库投放问卷，可避免滚雪球抽样方式所带来的人际关系限制。本研究问卷发放时间为 2020 年 2—3 月，共收集 687 份回复问卷。又因本研究对象为 44 岁以下的微博青年用户，① 故需剔除非微博用户、无效年龄的答卷。为确保数据质量真实可靠，还需剔除其他极端数值、作答时间过长和过短的答卷，最终共保留有效问卷 514 份。

2019 年发布的《2018 微博用户发展报告》显示，男性用户（占比 57%）占比高于女性用户（占比 43%），16—22 岁用户占比 41%，23—30 岁用户占比 40%，31—40 岁用户占比 14%。如表 2-1 所示，本研究调查样本符合微博用户的总特征。

表 2-1　　　　**调查样本的描述性统计分析**

分　类		人数	百分比（%）
性别	男	281	54. 7
	女	233	45. 3
年龄	16—24 岁	120	23. 3
	25—34 岁	243	47. 3
	35—44 岁	151	29. 4
学历	初中及以下	18	3. 5
	高中/中专	147	28. 6
	本科/大专	312	60. 7
	硕士及以上	37	7. 2

① 朱建平．世卫组织：44 岁以下为青年［J］．健康博览，2013（6）：13.

续表

分　类		人数	百分比（%）
微博使用年限	1 年及以下	10	1. 9
	1—3 年	219	42. 6
	4—6 年	223	43. 4
	7—9 年	50	9. 7
	10 年	12	2. 3
每日微博使用时长	1 小时以内	93	18. 1
	1—3 小时	233	45. 3
	4—6 小时	160	31. 1
	7—10 小时	25	4. 9
	11 小时以上	3	0. 6

（二）变量说明

本研究共设立 6 个独立量表，另附人口统计学调查及微博使用行为习惯调查，总共 8 个部分，选项中采用李克特七级量表方法，从低到高代表“非常不同意”到“非常同意”，量表如表 2-2 所示：

表 2-2　　各变量的测量

变量	测　向　度	来　源
隐私素养	微博可以根据我的微博使用行为给我推送个性化广告	Kezer，Sevi，Cemalcilar 等①
	微博不仅会收集，还会分析我的个人信息及数据	
	我国法律禁止任何人恶意编撰和肆意传播从微博获取到的个人资料	
	我国法律规定收集匿名数据用于市场研究是合法的	
	我国法律禁止在未经明确同意的情况下收集、处理反映个人种族背景、政治见解、宗教信仰的数据	
	微博的隐私政策内容和微信的隐私政策内容不一样	

① KEZER M，SEVI B，CEMALCILAR Z，et al. Age differences in privacy attitudes，literacy and privacy management on Facebook ［J］. Cyberpsychology：Journal of Psychosocial Research on Cyberspace，2016，10（1）.

续表

变量	测向度	来源
隐私素养	定期删除浏览历史记录、缓存和已保存的 Cookie 有利于保护个人隐私（注：Cookie 是指某些网站为了辨别用户身份，进行跟踪而储存在用户本地终端上的数据，该数据通常经过加密，由用户客户端计算机暂时或永久保存）	Kezer，Sevi，Cemalcilar 等
	不在微博上表露自己的任何信息是保护个人隐私的好方法	
个性化信息接受意愿	我能接受微博根据我的喜好和其他个人信息推送个性化信息	Rosenthal，Wasenden，Gronnevet 等①
	我能接受微博根据我的喜好和个人信息推荐其他微博用户给我	
	我能接受微博根据我的喜好和个人信息给我推送广告或其他服务	
隐私关注	我担心注册微博时会泄露个人隐私	Rosenthal，Wasenden，Gronnevet 等②
	我在安装微博时会留意它的请求权限	
	我担心微博会收集太多我的个人信息	
	我担心使用微博时会泄露个人隐私	
	当我无法控制微博如何使用我的个人信息时，我会觉得很困扰	
隐私表露	在微博上谈论生活中的困难，我心理上会觉得很舒服	Child，Pearson，Petronio③
	我喜欢在微博上讨论我的工作（或学习）中的烦恼	
	我在微博上会与现实生活中不认识的朋友分享信息	
	我更新微博的频率较高	

① ROSENTHAL S, WASENDEN O C, GRONNEVET G A, et al. A tripartite model of trust in Facebook: acceptance of information personalization, privacy concern, and privacy literacy [J]. Media Psychology, 2020, 23 (6): 840-864.

② ROSENTHAL S, WASENDEN O C, GRONNEVET G A, et al. A tripartite model of trust in Facebook: acceptance of information personalization, privacy concern, and privacy literacy [J]. Media Psychology, 2020, 23 (6): 840-864.

③ CHILD J T, PEARSON J C, PETRONIO S. Blogging, communication, and privacy management: Development of the blogging privacy management measure [J]. Journal of the American Society for Information Science and Technology, 2009, 60 (10): 2079-2094.

续表

变量	测　向　度	来　　源
隐私控制	我会限制在微博上发布的个人信息数量	Child, Pearson, Petronio
	当我在微博上发布个人敏感信息时，我会使用缩写或者匿名等方式	
	如果我认为我发布的信息太私密，一定时间后我会删除它	
	我因为害怕被人关注，所以很少蹭热点	
	看到他人的隐私信息后，我认为我应该保守这些信息	
人际管理	我会在微博上分享我的兴趣爱好，因为这样我可以结识到新朋友	
	我能够接受那些我不讨厌的人查看我的微博	
	我能够接受他人通过关键词搜索到我的微博	
	我会在微博上分享喜欢的文章链接、音乐链接或者学习链接等网页以便增加和朋友的互动	

（三）信度和效度检验

为了保证问卷的科学性和有效性，在进行假设检验前，本研究采用SPSS23.0对结构方程模型中的潜变量进行效度检验和信度检验。

表 2-3　　信度和聚合效度分析

变量名	Cronbach's α	KMO	AVE	CR	因子载荷
隐私素养	0.931	0.941	0.626	0.930	0.774
					0.801
					0.814
					0.792
					0.762
					0.824
					0.764
					0.796

续表

变量名	Cronbach's α	KMO	AVE	CR	因子载荷
个性化信息接受意愿	0. 864	0. 736	0. 658	0. 852	0. 847
					0. 803
					0. 782
隐私关注	0. 916	0. 885	0. 690	0. 918	0. 873
					0. 815
					0. 789
					0. 841
					0. 833
隐私表露	0. 886	0. 840	0. 663	0. 887	0. 799
					0. 863
					0. 824
					0. 768
隐私控制	0. 887	0. 884	0. 620	0. 891	0. 761
					0. 817
					0. 801
					0. 763
					0. 793
人际管理	0. 892	0. 840	0. 674	0. 892	0. 828
					0. 823
					0. 826
					0. 806

信度检验是为了测量量表是否具有符合要求的稳定性、一致性和可靠性，常通过评估变量的内部一致性信度系数，即 Cronbach's α 值来进行。如表2-3所示，各变量 Cronbach's α 值均在 0. 8 以上，按照大于 0. 7 的判别标准,① 本研究数据可靠性较高。

① KAISER H F，RICE J. Little jiffy，mark IV ［J］. Journal of Educational and Psychological Measurement，1974，34（1）：111-117.

表 2-4 **区分效度检验结果**

潜变量	均值	标准差	隐私素养	个性化信息接受意愿	隐私关注	隐私表露	隐私控制	人际管理
隐私素养	5.152	0.939	0.791	—				
个性化信息接受意愿	4.950	1.152	0.671**	0.811	—			
隐私关注	5.066	1.074	0.661**	0.434**	0.831	—		
隐私表露	4.937	1.121	0.628**	0.610**	0.513**	0.814	—	
隐私控制	5.128	0.942	0.742**	0.541**	0.655**	0.599**	0.787	—
人际管理	5.112	0.993	0.689**	0.624**	0.544**	0.640**	0.670**	0.821

注：对角线上的数字为潜变量 AVE 的平方根，对角线下方的数字为潜变量间的相关系数；** 代表在 0.01 级别（双尾），相关性显著。

效度检验主要是从内容效度、结构效度两方面进行考量。首先，本研究的问卷设置是结合研究目的，在参考国内外文献中的成熟量表基础上所提出的。在正式发放问卷之前，本研究进行了小样本的前测，根据调查结果和专家意见进行小调整，最终形成可投放的问卷，因此本问卷具有较好的内容效度。其次，结构效度可从聚合效度和区分效度两方面检验。其一，如表 2-3 所示，各变量的平均方差抽取量（AVE）均大于 0.6 且高于临界值 0.5，计算组合信度（CR）均大于 0.8 且高于临界值 0.6，可说明数据的聚合效度良好。其二，区分效度可通过 AVE 的平方根与相关潜变量的相关系数对比来检验，如表 2-4 所示，本研究的各变量 AVE 的平方根值均大于各变量间的相关系数，因此可认为本问卷具有良好的区分效度。此外，如表 2-3 所示，各题项的因子载荷均高于 0.7，这进一步说明本问卷具有良好的结构效度。

（四）结构模型检验

本研究构建了隐私素养、个性化信息接受意愿、隐私关注与隐私管理行为（隐私表露、隐私控制、人际管理）之间的作用路径，分析其中的直接效应、中介效应及性别对模型的调节效应。首先，本研究采用了结构方程模型（AMOS23.0）进行模型构建和研究假设检验。由于最初的假设模型与观察样本存在小范围的适配问题，因此需要结合 AMOS 的修正指标值（Modification Indices）进行修正。最终结构方程模型的各拟合指数分别为：RMSEA = 0.061、NFI = 0.924、IFI = 0.949、RFI = 0.915、CFI = 0.949，各项值均达到标准，且 X2/df 值为 2.886，小于标准值 3，各指标数据表明该模型具有良好的拟合情况。

其次，如图 2-3 可知，本研究各量表数据均为正态分布，故采用极大似然估计法（Maximum Likelihood Estimates）作为模型各参数统计量估计法较为适宜，① 即对结构模型中的各影响路径进行估计。如图 2-2 所示，结果表明隐私素养对隐私表露（t = 0.276，p < 0.001）、隐私控制（t = 0.491，p<0.001）、人际管理（t = 0.383，p<0.001）具有直接的正向影响。这表明，微博中青年用户的隐私素养越高，他们的隐私表露、隐私控制和人际管理行为越强，因此假设 H1 成立。

此外，研究还发现，隐私素养同样会正向影响微博青年群体的个性化信息接受意愿（t=1.418，p<0.001）；隐私素养对隐私关注具有正向影响

---

① 吴明隆，结构方程模型——Amos 实务进阶［M］. 重庆：重庆大学出版社，2013：131，250.

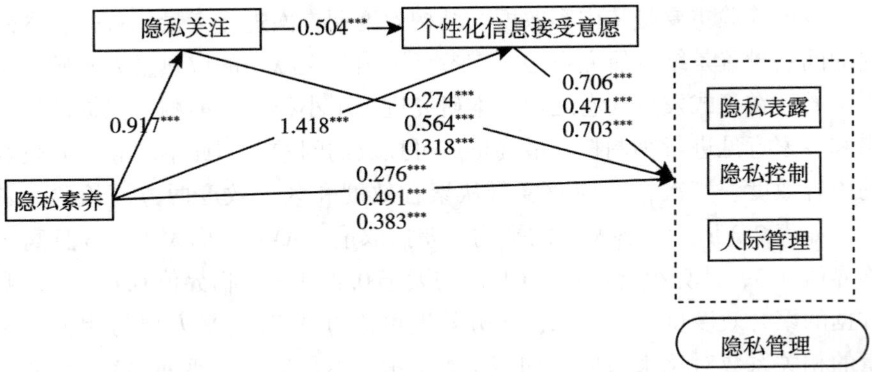

注：*** 代表 p<0.001。

图 2-2 路径系数模型图

(t=0.917，p<0.001)；隐私素养对个性化信息接受意愿具有积极影响(t=0.504，p<0.001)。最后，研究结果表明个性化信息接受意愿与隐私管理的隐私表露（t = 0.706，p < 0.001）、隐私控制（t = 0.471，p < 0.001)、人际管理（t=0.703，p<0.001）分别呈正相关；隐私关注分别与隐私管理的隐私表露（t=0.274，p<0.001)、隐私控制（t=0.564，p<0.001)、人际管理（t=0.318，p<0.001）呈正向影响关系。

1. 中介效应检验

Bootstrap 法是广受研究者青睐的中介验证方法，因为它适用于中小样本，且无需通过限制中介效应估计值便可得到不对称的置信区间，优于传统验证方法。Bootstrap 方法中常被采用的方法是非参数 Bootstrap 法。非参数 Bootstrap 法又可细分为有偏差校正的和无偏差校正的非参数百分位，而有偏差校正的百分位 Bootstrap 法优于无偏差校正的。①

故为了探索个性化信息接受意愿和隐私关注的中介效应，本研究拟采用有偏差校正的百分位 Bootstrap 法。Boostrap 样本量设置为 5000，用第 2.5 百分数值和第 97.5 百分数估计 95%的中介效应置信区间。如果置信区间不含 0，则说明中介效应显著。本模型的中介效应由 9 条路径产生的间接效应组成。如表 2-5 所示，各间接效应的 Bootstrap 95%的置信区间均不包含 0，因此 9 个间接效应均达到显著水平，具体为：(1) 个性化信息

① PITUCH K A，STAPLETON L M. The Performance of Methods to Test Upper-Level Mediation in the Presence of Nonnormal Data［J］. Multivariate Behavioral Research，2008，43（2）：237-267.

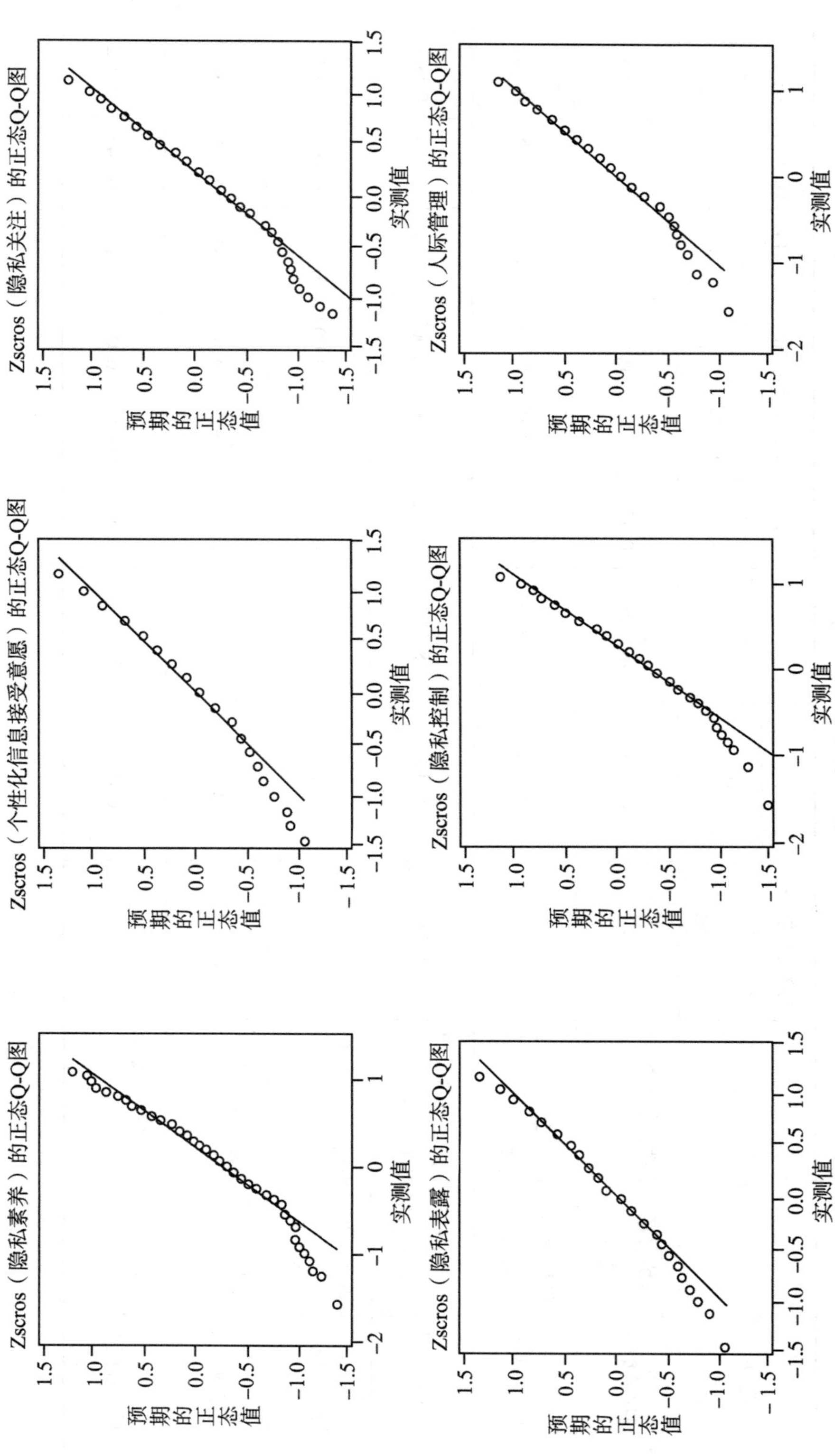

图2-3　6个独立量表的正态分布

表 2-5 对中介效应显著性的 Bootstrap 分析

效应	路径	标准化的间接效应估计值 Estimate	平均间接效应 β	中介效应比	Bias-corrected 95%CI			Percenntile 95%CI		
					Lower	Upper	p	Lower	Upper	p
间接效应 1	隐私素养→个性化信息接受意愿→隐私表露	1. 001	0. 179	78. 38%	0. 751	1. 32	0. 001	758	1. 336	0. 001
间接效应 2	隐私素养→个性化信息接受意愿→隐私控制	0. 668	0. 112	70. 77%	0. 49	0. 855	0. 001	0. 49	0. 855	0. 001
间接效应 3	隐私素养→个性化信息接受意愿→人际管理	0. 996	0. 16	78. 25%	0. 783	1. 29	0. 001	0. 785	1. 293	0. 001
间接效应 4	隐私素养→隐私关注→隐私表露	0. 251	0. 091	46. 30%	0. 113	0. 408	0. 008	0. 095	0. 392	0. 013
间接效应 5	隐私素养→隐私关注→隐私控制	0. 517	0. 09	62. 77%	0. 381	0. 673	0. 001	0. 371	0. 662	0. 001
间接效应 6	隐私素养→隐私关注→人际管理	0. 291	0. 096	49. 76%	0. 131	0. 453	0. 001	0. 126	0. 442	0. 012

续表

效应	路径	标准化的间接效应估计值 Estimate	平均间接效应 β	中介效应比	Bias-corrected 95%CI			Percenntile 95%CI		
					Lower	Upper	p	Lower	Upper	p
间接效应 7	隐私素养→隐私关注→个性化信息接受意愿→隐私表露	0. 327	0. 142	27. 20%	−0. 617	−0. 164	0. 001	−0. 598	−0. 155	0. 002
间接效应 8	隐私素养→隐私关注→个性化信息接受意愿→隐私控制	0. 218	0. 073	14. 95%	−0. 37	−0. 126	0. 001	−0. 35	−0. 117	0. 002
间接效应 9	隐私素养→隐私关注→个性化信息接受意愿→人际管理	0. 325	0. 131	24. 13%	−0. 597	−0. 175	0. 001	−0. 574	−0. 166	0. 002

接受意愿的简单中介效应是指隐私素养→个性信息接受意愿→隐私管理（隐私表露/隐私控制/人际管理）所产生的间接效应1~3，其中隐私素养透过个性化接受意愿对隐私表露的预测能力最强（β=1.001），对隐私控制的预测能力最弱（β=0.668）；（2）隐私关注的简单中介效应是指通过隐私素养→隐私关注→隐私管理（隐私表露/隐私控制/人际管理）产生的间接效应4~6，其中隐私素养通过隐私关注对隐私表露、隐私控制、人际管理的预测能力相差不大；（3）模型中的链式中介效应成立，主要包含隐私素养→隐私关注→个性化信息接受意愿→隐私管理（隐私表露/隐私控制/人际管理）所产生的间接效应7~9。隐私素养通过隐私关注和个性化信息接受意愿对隐私表露的预测能力最强（β=0.142），对隐私控制的预测能力最弱（β=0.073）。研究假设H2、H3、H4成立。

2. 调节效应检验

为了探讨本模型的各路径是否存在性别差异，本研究采用多群组分析法（Multiple Group Analysis）进行检验。多群组分析法是一种SEM的架构，其功能在于检验相似模型在不同群组调查对象间的差异，① 通过比较限制与非限制模型卡方的变化值，进而判断是否存在显著差异。为了保证两组样本之间待估参数的可比性，本研究先进行跨组测试测量模型的不变性，结果显示 $\Delta\chi^2=10.013$，$\Delta df=23$，$P=0.991$，说明该模型稳定性较高，支持测量的不变性。可进一步检验每个路径的性别差异。如表2-6所示，除了个性化信息接受意愿与隐私控制（$\Delta\chi^2=4.257$，$p<0.05$）之间的路径系数存在显著差异外，其他路径系数的差异均不显著。故H5、H6、H7、H8、H9假设均不成立。

表2-6 男性和女性之间的模型路径差异

路径	性别	标准化系数	显著性	$\Delta\chi^2$
隐私关注→个性化信息接受意愿	男	0.487	***	0.010
	女	0.514	***	
隐私素养→个性化信息接受意愿	男	1.445	***	0.446
	女	1.388	***	

① 吴明隆，结构方程模型——Amos实务进阶［M］. 重庆：重庆大学出版社，2013：131，250.

续表

路　　径	性别	标准化系数	显著性	$\Delta\chi^2$
隐私素养→隐私关注	男	0.957	***	0.084
	女	0.872	***	
个性化信息接受意愿→隐私表露	男	0.726	***	0.117
	女	0.687	***	
隐私关注→隐私表露	男	0.272	***	0.117
	女	0.271	***	
个性化信息接受意愿→隐私控制	男	0.483	***	4.257*
	女	0.485	***	
隐私关注→隐私控制	男	0.537	***	0.269
	女	0.568	***	
个性化信息接受意愿→人际管理	男	0.701	***	0.637
	女	0.72	***	
隐私关注→人际管理	男	0.297	***	0.264
	女	0.322	***	

注：* 代表 $p < 0.05$；** 代表 $p < 0.01$；*** 代表 $p < 0.001$。

四、结论与讨论

本研究以传播隐私管理理论为研究框架，结合微博社会化推荐算法特征，探讨微博青年群体的隐私素养与隐私管理行为间的影响机制，验证了个性化信息接受意愿和隐私关注在机制中的链式中介效应，及性别对于该模型的调节效应。

（一）研究结果

第一，实证分析结果显示，微博青年群体的隐私素养越高，越可能进行隐私管理，这一结果与穆拉特·凯泽（Murat Kezer）的研究结论一致，但本研究进一步发现，隐私素养对隐私控制影响最为显著，对隐私表露影响最小。[①] 隐私素养较高的青年群体，对微博内容的隐私敏感度更高，且这种隐私敏感度会决定青年用户对隐私信息的公开程度。隐私敏感度越高，用户的隐私控制意识也越高，此时的用户并不希望其他用户查看自己的隐私信息，最终青年用户可能会采用删除、不发、匿名、缩写等方式进行回避。出现这种现象的原因主要为：当微博社会化推荐系统屡次主动请求获取用户地理位置、通讯录等个人隐私信息时，高隐私素养的青年群体会意识到微博正在窃取自己的隐私信息，所拥有的隐私知识会使得青年人较为容易地感知到隐私风险。同时高隐私素养的青年群体还会本能地使用隐私保护技能保护隐私安全，以减少对隐私泄露的恐惧。为何隐私素养对隐私表露影响最小？可结合人们对微博的使用需求来看。微博作为中国目前最受欢迎的社交媒体之一，突破了用户尤其是青年人传统的人际沟通方式与交往模式，能够满足受众的娱乐需求、信息需求、互动需求、网络归属感，故用户对微博具有较强的网络依恋。综上，隐私素养对用户隐私表露的数量、广度、深度影响最小。

第二，研究发现隐私素养正向预测隐私关注，隐私关注正向预测隐私管理，其中隐私素养是通过隐私关注进而影响隐私管理，即隐私关注在隐私素养与隐私管理之间发挥着重要的中介效应。早前有研究认为隐私素养与隐私关注之间存在的是负向影响关系，也有研究发现两者并无关系，[②] 而本研究发现隐私素养与隐私关注呈现正向影响关系。当用户隐私素养越高时，对隐私的关注度越高。当用户隐私素养越高时，则意味着他的隐私知识越多和隐私保护技能越娴熟。这反映出用户的隐私态度越正面，隐私关注越高。本研究还表明，隐私素养会通过隐私关注进而影响隐私管理行为，这一点与埃弗特·范登布洛克（Evert Van den Broeck）等人的研究结论相似。[③] 与其不同的是，研究发现隐私关注在隐私素养与隐私控制之间的中介效应影响最显著。当青年群体的隐私素养越高时，隐私关注也会随之增加，最终当微博出现请求获取青年人隐私信息时，青年人会通过设置微博分组、更改关键词等方式多次修改信息共享者范围。

---

① KEZER M, SEVI B, CEMALCILAR Z, et al. Age differences in privacy attitudes, literacy and privacy management on Facebook [J]. Cyberpsychology: Journal of Psychosocial Research on Cyberspace, 2016, 10 (1).

② 齐昆鹏，李真真．中国公众隐私关注及影响因素研究 [J]．科学与社会，2018，8 (2)：36-58.

③ VAN DEN BROECK E, POELS K, WALRAVE M. Older and Wiser? Facebook Use, Privacy Concern, and Privacy Protection in the Life Stages of Emerging, Young, and Middle Adulthood [J]. Social Media Society, 2015, 1 (2).

第三，研究发现青年群体的隐私素养可正向预测个性化信息接受意愿，这与桑尼·罗森塔尔（Sonny Rosenthal）等人[①]的研究发现不一致。微博可以为用户个性化定制信息。这一方式影响了微博与用户的交互方式，用户不再处于简单的被动地位。以往的研究发现，具有较高隐私素养的用户会更容易察觉潜在的隐私风险，[②] 因此当微博向用户提出共享地理位置、通讯录等私人信息的请求时，隐私素养高的用户往往会因为诊断出隐私风险而选择拒绝接受个性化推荐信息。[③] 但本研究发现，隐私素养高的用户更容易接受个性化信息推荐。这一点可以从两方面来进行分析：（1）高隐私素养的用户，虽然能够快速地对隐私风险作出评估，但另一方面，高隐私素养用户拥有更加成熟的隐私保护技能，对个人成功管理隐私的信心也越高，因此对高隐私素养的用户会相信自己有能力保护个人隐私，进而相信自己有能力将接受个性化推荐信息的负面影响降到最低。（2）隐私素养是数字素养的一个子类、一种补充。[④] 隐私素养高的人，数字素养往往不会低，对互联网的应用能力也更强。这意味着隐私素养高者能够轻易从微博中享受到更多的互联网红利。加上高隐私素养的用户对隐私保护有一定的信心，因此高隐私素养者并不会轻易放弃从中带来的互联网红利。

本研究还发现，个性化信息接受意愿在隐私素养与隐私管理之间发挥着中介效应。高隐私素养的微博青年群体会因为更愿意接受个性化信息推荐，而进行更多的隐私管理行为。高隐私素养的用户群体越容易察觉到接受微博个性化信息推荐的风险，因此为了保证个人的隐私安全、财产安全等，这部分群体进行隐私管理的行为也更多。加之高隐私素养的用户群体对隐私保护技能更熟悉，对于他们而言，隐私管理的可操作性更高。此外，个性化信息接受意愿在隐私素养与隐私表露和与人际管理之间的中介

① ROSENTHAL S, WASENDEN O C, GRONNEVET G A, et al. A tripartite model of trust in Facebook: acceptance of information personalization, privacy concern, and privacy literacy [J]. Media Psychology, 2020, 23 (6): 840-864.

② ROSENTHAL S, WASENDEN O C, GRONNEVET G A, et al. A tripartite model of trust in Facebook: acceptance of information personalization, privacy concern, and privacy literacy [J]. Media Psychology, 2020, 23 (6): 840-864.

③ AGUIRRE E, MAHR D, GREWAL D, et al. Unraveling the personalization paradox: the effect of information collection and trust -building strategies on online advertisement effectiveness [J]. Journal of Retailing, 2015, 91 (1): 34-49.

④ ROTMAN D. Are You Looking At Me? -Social Media and Privacy Literacy [EB/OL]. (2010-04-05) [2019-10-19]. https://www.ideals.illinois.edu/bitstream/handle/2142/15339/Are_You_Looking_at_Me_-_Social_Media_And_Privacy_Literacy_-_final.pdf? sequence=2.

效应最为显著。

第四，本研究发现，用户的隐私素养还能够通过隐私关注和个性化信息接受意愿的链式中介效应影响隐私管理。隐私素养越高的用户，对隐私的关注度也越高，个性化信息接受意愿也更高。造成这一现象的主要原因是隐私关注度高的用户所拥有更多的隐私意识、隐私保护技能更强，因此用户对自我隐私保护更具信心，也会更愿意接受微博的个性化信息推荐。同时，因为接受个性化信息推荐，高隐私素养的用户加强了隐私管理。本研究探索性地关注微博中青年群体的隐私管理行为，证实了隐私关注和个性化信息接受意愿的链式中介效应，揭示隐私素养如何通过隐私关注和个性化信息接受意愿中介效应以及链式中介效应影响青年群体的微博隐私管理。本研究更深入地解释微博中青年群体的隐私素养对隐私管理的作用机制，也深化以往文化素养与社交媒体使用的研究。

最后，研究发现性别仅在个性化信息接受意愿与隐私控制的直接影响路径中起到调节效应，其他直接影响路径调节效应均不显著。也就是说，当女性和男性在个性化信息接受意愿同等的情况下，女性对于信息分享对象的管理程度会强于男性。这一点主要是因为女性的网络社交往往更加保守，对陌生人不会透露更多的个人隐私信息，所以会加强管理。

（二）理论贡献与实践意义

首先，以往的研究把微博视为普通的社会化媒体而忽略微博独特的社会化推荐算法，缺乏对其算法所带来的隐私语境影响的讨论。本研究重点关注微博社会化推荐算法所带来的个性化信息接受意愿在隐私素养与隐私管理之间的作用关系，验证个性化信息接受意愿和隐私关注在隐私素养与隐私管理之间的链式中介效应，进一步说明社会化推荐算法系统对用户隐私管理的影响。这一研究既能够为隐私语境的研究提供新的文献资料，又能够呼吁管理者及社交媒体企业重视算法伦理，推进社交媒体安全、可靠、健康发展。

其次，本研究通过探讨微博青年群体隐私素养对隐私管理的影响，回答了隐私素养对隐私管理的人际管理、隐私控制、隐私表露有何影响的问题，丰富隐私素养的相关资料。过去大多数的研究没有重视隐私素养对隐私管理的影响。加之中国隐私保护法律体系还不能适应社交媒体的发展需求，因此导致中国青年群体隐私素养的培养力度不够。本研究的研究结果表明，隐私素养正向影响用户的隐私管理行为，隐私素养的高低直接影响用户的隐私关注及个性化信息接受意愿，进一步佐证隐私素养对互联网使用安全的重要影响。这启示我们隐私保护不应只从平台和政府管理入手，还应提高公民隐私素养，防范信息泄露风险。

最后，本研究基于传播隐私管理理论框架，构建隐私素养对隐私管理的影响机制，创新地结合微博算法特征，揭示隐私素养与隐私管理关系发生的过程，深化传播隐私管理理论。目前国内外关于传播隐私管理理论的研究论文大多以论述为主，少数实证研究文章仅用理论支撑现象，而本研究是基于理论逻辑进行归纳，并作出推断和预测，结合用户隐私语境特点，将理论要点概念化成变量，深入探讨微博青年用户隐私素养对隐私管理行为的影响机制。

中篇

意见表达与影响因素

第三章 社交媒体上公众的意见表达研究：基于意见气候与政治效能感的考量

一、引言

随着社交媒体的快速发展，公众获取新闻资讯和进行意见表达的渠道发生了重大变化。在获取新闻方面，人们不仅从传统媒体或新闻资讯类媒体平台收看新闻，社交类网站或 App 也成为人们获得新闻信息的重要平台。根据中国互联网络信息中心调查显示，除了新闻资讯类的网站和新闻客户端外，15.1%的网民通过微博平台关注新闻获取资讯，同时也有16.2%的网民会通过其他社交网站关注时下发生的热点问题。①

社交媒体凭借其分享互动、及时便捷、强关系等特点，逐渐成为现代社会人们进行意见表达的重要途径。基于 Web 2.0 技术的社交媒体，主要依靠分享精神而建立，并允许用户自己进行内容的创造和交流。② 当重大社会事件出现时，新浪微博会迅速响应，成为各类重大新闻事件的首发平台，并成为公众意见表达的主要渠道，甚至有时会演变为公共舆情的发源地和讨论场。微信朋友圈同样也是舆论热点的发酵场所，人们在微信朋友圈中积极转发、评论文章，或针对各类事件发表意见。

那么公众在社交媒体进行意见表达的基本状况如何？有哪些因素影响着他们的意见表达呢？本研究基于上述思考，探讨公众在社交媒体上针对

---

① 中国互联网络信息中心. 2015 年中国社交应用用户行为研究报告［R］.（2016-04-08）［2017-12-27］. http：//www.cnnic.cn/hlwfzyj/hlwxzbg/sqbg/201604/t20160408_53518.htm.

② KAPLAN A M，HAENLEIN M. Users of the world，unite! The challenges and opportunities of Social Media［J］. Business horizons，2010，53（1）：59-68.

时政新闻进行意见表达的现状及其影响因素。

二、文献综述与研究问题

（一）网络意见表达

网络技术的发展和网络公共参与的增多使越来越多的研究者关注到网络意见表达的重要性和研究价值。目前新闻传播领域关于网络意见表达的研究主要集中于四个方面：

一是对网络意见表达的特点、新发展等进行了讨论。由于互联网的开放性和平等性，网络意见表达的主体具有广泛性和去中心化的特点，影响也更加深远，对公众决策产生影响。① 当然，不少研究者指出网络意见表达具有其局限性。网络意见表达在使表达更加多元和自由的同时，也带来了群体极化、谣言蔓延以及网络暴力等一系列问题。②③ 并且，由于存在“数字鸿沟”和表达主体能力的差异，公众进行意见表达的可能性以及充分性存在较大的差异。④

二是研究社交媒体等新技术的发展为意见表达带来的变化。社交网站发挥了互联网的交互性能，成为全新的参与式媒介，为意见表达提供了新样式。⑤ 用户在社交媒体上所进行的意见表达，本质上是开放表达主体与动态互联网背后的技术组织平台相互联结的一种传播方式，这可使网络意见表达更加开放多元、理性和有序。⑥

三是研究网络意见表达中的意见领袖。社交媒体的发展为意见领袖提供了更加广阔和活跃的平台。网络意见领袖通过发表个人意见，进而影响

---

① 解迎春．网络民意表达的现状与发展——由“躲猫猫”事件引发的思考［J］．东南传播，2009（4）：2-3.

② 余越．自媒体环境下青年意见表达的形态、特征及引导策略［J］．思想政治教育，2016（1）：85-89.

③ 吴惠凡．媒介融合背景下意见表达方式的变化与反思［J］．国际新闻界，2013（11）：6-18.

④ 吴信训，陈辉兴．构建和谐的公共话语空间——互联网上公众意见表达的形态、特征及其演进趋势［J］．新闻爱好者，2007（6）：6-8.

⑤ 王斌，王萍．新媒体背景下青年意见表达的特点分析：以社交网站为例［J］．中国青年研究，2012（3）：49-52.

⑥ 张燕．Web2.0时代的网络民意表达［J］．新闻界，2009（4）：48-50.

其他主体意见的观点，推动舆论的形成和发展。① 通过放大草根的声音，使其意见充分表达并广泛传播，提升舆论的广度和深度。②③ 另一方面，网络意见领袖也可能存在责任缺失、非理性表达、过度情绪化以及滥用话语权力等行为，进一步引发群体极化、话语权结构等级化扩大和网络暴力等问题。④

四是研究网络意见表达意愿的影响因素。有研究关注了新媒体使用对新生代农民工群体表达意愿的影响，发现新媒体拓宽了新生代农民工意见表达的空间，网络新闻和网络交往对通过网络表达的意愿有显著影响⑤。也有研究发现，新生代农民工群体对自身权益受损等议题的整体意见表达意愿仍较低，互联网基本使用情况对其意见表达意愿影响也非常小。⑥ 关于网络意见表达的影响因素，有研究者分析了议题属性的作用，认为用户与议题的熟悉程序影响意见表达的意愿。⑦ 但也有研究者发现，议题相关度和对议题的了解程度对大学生群体的意见表达影响有限。⑧

公众参与网络意见表达具有重要的意义。目前从宏观角度以思辩的方法对网络意见表达的现状进行学理性研究的成果较为丰富。但实际上公众的现实表达行为状况是具有复杂性和特殊性的，社交媒体等网络平台是否真正促进了公众的意见表达？公众倾向采取何种意见表达行为？公众对不同类型议题的表达频率是否存在差异？这些都是值得探究的问题。本研究将以实证方法，对公众在社交媒体上关于时政新闻的意见表达行为进行研究，并提出以下研究问题：

---

① 阳露．公共事件中微博意见领袖的意见表达研究［D］．长沙：湖南大学，2014［2022-05-01］．https：//kns. cnki. net/KCMS/detail/detail. aspx？ dbname = CMFD201501&filename = 1014312163. nh

② 朱洁．网络时评意见领袖的意见表达与心理动因［J］．青年记者，2015（9）：20-21.

③ 王艳．民意表达与公共参与：微博意见领袖研究［D］．北京：中国社会科学院研究生院，2014［2022-05-01］．https：//kns. cnki. net/KCMS/detail/detail. aspx？ dbname = CDFDLAST2015&filename = 1014045868. nh

④ 顾萱．微博中草根意见领袖的另类表达研究——以“作业本”为例［D］．合肥：安徽大学，2014［2022-05-01］．https：//kns. cnki. net/KCMS/detail/detail. aspx？ dbname = CMFD201402&filename = 1014230770. nh

⑤ 周葆华．新媒体与中国新生代农民工的意见表达——以上海为例的实证研究［J］．当代传播，2013（2）：41-48.

⑥ 晏齐宏．新生代农民工意见表达意愿研究——以北京市的实证分析为例［J］．新闻与写作，2016（3）：45-50.

⑦ 陈旭辉，柯惠新．网民意见表达影响因素研究——基于议题属性和网民社会心理的双重视角［J］．现代传播，2013（3）：117-122.

⑧ 虞鑫，王义鹏．社交网络环境下的大学生公开意见表达影响因素研究［J］．中国青年研究，2014（10）：97-104.

研究问题一：公众在社交媒体上进行意见表达的基本特征如何？

研究问题二：公众在社交媒体上针对时政新闻的意见表达受到哪些因素的影响？

（二）网络意见表达的影响因素

德国研究者伊丽莎白·诺尔-诺依曼（Elisabeth Noelle-Neumann）所提出的“沉默的螺旋”理论（Spiral of Silence）是解释影响意见表达因素的重要代表性理论。该理论强调，和媒介中主流观点持相反意见的人由于害怕被排斥而保持沉默，而结果就是在劣势意见的沉默和优势意见的大声疾呼中，占据压倒优势的意见以螺旋形式扩展加强，最终变成了一种优势社会舆论。理论所提及的“意见气候一致性感知”，即“对自己的意见与多数意见一致性的评估”是该理论的重要内容，这也被视为影响人们意见表达的社会心理因素。在该理论提出后的几十年时间里，不少研究者研究了意见气候一致性感知对意见表达的影响作用，却得出了不同的结论。

一些研究表明，意见气候感知会影响意见表达。如有研究者在对社交媒体上的政治发帖进行研究后发现，当用户感知社交媒体上意见气候的一致性时会积极发言，而感知到意见气候不一致时则选择沉默。① 也有研究者发现，在讨论同性恋和跨种族婚姻话题时，新加坡的用户所感知到的未来意见气候会影响到他们的公开讨论和意见表达。② 而另一些研究者则指出，意见气候感知对意见表达的影响有限。个体认为自己与他人意见相似的程度与表达意见的意愿之间存在相关关系，但相关性微弱。③

一些研究中的意见气候感知主要是指与社会大多数人意见的一致性，或者只区分了当下与未来的意见气候。不少研究者指出仅以社会大多数人的意见气候来代表人们所感知的意见气候过于简单化，应该对意见气候感

---

① GEARHART S, ZHANG W. “Was it something I said?” “No, it was something you posted!” A study of the spiral of silence theory in social media contexts [J]. Cyberpsychology, Behavior, and Social Networking, 2015, 18 (4): 208-213.

② WILLNAT L, LEE W, DETENBER B H. Individual-level predictors of public outspokenness: A test of the spiral of silence theory in Singapore [J]. International Journal of Public Opinion Research, 2002, 14 (4): 391-412.

③ GLYNN C J, HAYES A F, SHANAHAN J. Perceived Support for One's Opinions and Willingness to Speak Out: A Meta-Analysis of Survey Studies on the “Spiral of Silence” [J]. Public opinion quarterly, 1997: 452-463.

知的不同层次进行区分。如区分为参照群体的意见和社会多数人的意见。① 为探究"意见气候感知"这一社会心理学因素在社交媒体上是否会对公众意见表达造成影响，提出研究假设：

H1：公众意见气候感知（包括全局意见气候和参照群体意见气候）的一致性对其在社交媒体上的意见表达产生正向影响。

此外，还有研究从个体心理因素，如政治效能感（Political Efficacy）对意见表达的影响进行分析。安格斯·坎贝尔（Angus Campbell）等人提出，政治效能感是"个人对其政治行为已经或可能会影响政治过程的一种感觉，也是个人感觉值得去实践其公民责任，感觉政治与社会变化是可能的，并且感觉个体公民可以在此类变化中扮演部分角色"②。之后研究者把政治效能感分为内在效能感和外在效能感两个维度。内在效能感指个人对自身理解、参与和影响政治或政策过程的能力的判断或感知；外在效能感指个人对政治主体或政治运作过程听取民意而采取相应措施的可能性的判断或感知。③ 内在效能感指个人对自身能够影响政府的感觉，与个体的知识、社会地位、经验等密切相关，通常表明个体成为政治活跃者的可能性；外在效能感是个人对政府是否能够有效回应公民的感觉，侧重对政府回应公民可能性的评价。④

政治效能感是研究个体参与政治的态度取向的重要预测因素。国外研究指出，政治效能感在人的社会化过程中形成并稳定，可以显著地正向影响意见表达和政治参与。⑤ 也有研究者发现，较高的内在效能感可以激发市民进行意见表达，但外在效能感对他们的意见表达没有显著影响。⑥ 在个体心理层面，本研究主要探讨"政治效能感"对公众在社交媒体上意见表达的影响。因此，提出研究假设：

H2：公众的政治效能感（包括内在效能感和外在效能感）正向影响

---

① OSHAGAN H. Reference group influence on opinion expression [J]. International Journal of Public Opinion Research, 1996, 8 (4): 335-354.

② CAMPBELL A, GURIN G, MILLER W E. The Voter Decides [M]. New York: Row, Peterson and Company, 1954.

③ BALCH G I. Multiple indicators in survey research: The concept " Sense of Political Efficacy" [J]. Political Methodology, 1974: 1-43.

④ SULLIVAN J L, RIEDEL E. Efficacy: Political, International Encyclopedia of the Social and Behavior Science [M] //SMELSER N J, BALTES P B. International encyclopedia of the social & behavioral sciences. Amsterdam: Elsevier, 2001 (4): 4353-4356.

⑤ 周葆华. 社会化媒体时代的舆论研究：概念、议题与创新 [J]. 南京社会科学，2014 (1): 115-121.

⑥ 廖圣清. 上海市民的意见表达及其影响因素研究 [J]. 新闻大学，2010 (2): 41-49.

其在社交媒体上的意见表达。

除了心理因素的影响外，也有研究发现互联网使用情况、新闻关注度以及性别、教育水平等人口学变量会对意见表达产生影响。本研究将探讨公众“时政新闻关注度”对公众针对时政新闻进行意见表达的影响，同时还将“社交媒体使用情况”和“人口学变量”作为控制变量进行探讨。因此，提出以下假设：

H3：公众对时政新闻的关注度对其在社交媒体上的意见表达有正向影响。

H4：公众的社交媒体使用情况（接触年限和日常使用时长）对其在社交媒体上的意见表达有正向影响。

H5：公众的相关人口学变量（性别、年龄、教育水平、收入）对其在社交媒体上的意见表达有影响。

综上所述，提出以下研究模型，如图 3-1 所示：

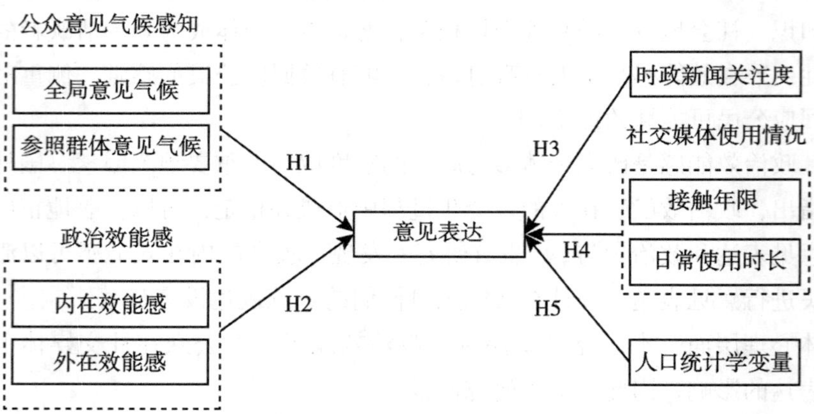

图 3-1 研究模型

三、研究设计

（一）研究方法

本研究采取问卷调查的实证研究方法进行研究。问卷发放的时间为 2018 年 3 月 6 日—5 月 25 日。问卷以随机抽样方式和滚雪球方式发放，线上问卷主要通过腾讯问卷发放。考虑到移动端手机屏幕对问卷填写的影响，问卷中有以下文字作为提示："提示：问卷中有五个表格题，横向一共有 5 个选项可选，手机屏幕显示不全的话可以将表格向左拖动。"同时，研究者也在线下发放、回收了一部分问卷。本次调查共回收 601 份问卷，其中有效问卷 535 份，问卷有效率为 89.01%。

（二）变量测量

1. 意见表达

以往研究中较多仅使用单一标准来测量意见表达，即表达或者不表达。本研究以意见表达的具体策略来综合测量意见表达行为，以公众进行各种意见表达策略的频率来测量，使用五级量表，1 到 5 表示"从不"到"总是"。各种意见表达策略分别包括："就时政新闻发布自己的观点""转发与时政新闻相关的文章、视频或观点""对别人就时政新闻发表的观点进行评论""给时政新闻点赞"和"不参与表达"。Cronbach's alpha 系数为 0.703，KMO 值为 0.789，两者均大于 0.7，说明意见表达量表信效度较好。

2. 意见气候感知

通过测量公众与"经常接触的媒体的观点""现实生活中绝大多数人的观点""周围的朋友、同事、亲戚的观点""社交媒体上多数网友们的观点"的一致程度来测量其意见气候感知。其中"经常接触的媒体的观点""现实生活中绝大多数人的观点"用来测量"全局意见气候感知"；因社交媒体具有强关系和熟人圈的特性，使用"周围的朋友、同事、亲戚的观点"以及"社交媒体上多数网友们的观点"来测量"参照群体意见气候感知"。得分越高，受众意见气候的一致性感知越高。测量采用五级量表（1 表示"差别很大"，5 表示"基本一致"）。信度系数 Cronbach's alpha 为 0.814，KMO 值为 0.779，说明意见气候感知量表信效度较好。

3. 政治效能感

政治效能感的测量同样使用陈述题项，共包括五个题项："当我看到时政新闻时，我觉得自己能够很好地理解其中的信息""我有能力对社会问题的解决或者政府决策提出建设性的意见""我在社交媒体所发表的意见会受到重视""我在社交媒体所发表的意见有助于推动事件发展或问题解决""我在社交媒体所发表的意见能够影响政府或相关部门的决策"。其中，前两个陈述题项被设计用来测量"内在效能感"，后三个题项用来测量“外在效能感”。测量使用五级量表（1表示“非常不同意”，5表示“非常同意”），信度系数Cronbach's alpha为0.785，KMO值为0.732，两者均大于0.7，说明政治效能感量表的信效度良好。

4. 时政新闻关注度

使用“您对时政新闻的关注程度如何？”进行提问，回答采用五级量表进行测量，1表示“从不关注”，5表示“非常关注”。

5. 社交媒体使用情况

主要测量“社交媒体接触年限”和“日常使用时长”两个变量，使用“您最经常使用以下社交媒体中的哪一个？”“您使用该社交媒体有多久了？”和“您每天花费在该社交媒体上的时间有多久？”几个问题进行提问。

6. 人口学变量

主要提问被访者的性别、年龄、受教育程度、个人年均收入等。

四、研究发现

（一）公众在社交媒体上意见表达的基本特征

如表3-1所示，公众对时政新闻进行各种意见表达行为的频率均不高，保持沉默的频率最高（M=2.39）。

表3-1 公众对时政新闻的意见表达行为基本情况

	就时政新闻发布自己的观点	对别人就时政新闻发表的观点进行评论	转发与时政新闻相关的文章、视频或观点	给时政新闻点赞	不参与表达
均值	1.72	1.81	2.10	2.26	2.39
标准差	0.823	0.885	0.858	1.012	1.210

此外，公众进行“就时政新闻发布自己的观点”（M=1.72）和“对别人就时政新闻发表的观点进行评论”（M=1.81）这种深层次表达行为

的频率明显低于“转发与时政新闻相关的文章、视频或观点”（M=2.10）和“给时政新闻点赞”（M=2.26）这种浅层次的表达行为的频率。这说明公众在社交媒体上针对时政新闻的表达参与度和主动性都处于比较低的水平，意见表达状态并不乐观。

如表3-2所示，通过比较公众针对不同议题进行意见表达频率的均值可以发现：从表达的程度来看，公众对各种议题的意见表达频率都比较低，均值都小于3（1=从不，2=偶尔，3=一般，4=经常，5=总是）。其中，针对偏硬性、较宏观的政治议题的表达频率最低（M=1.97），在偏软性、与生活关系大的社会民生（M=2.61）和文化娱乐议题（M=2.53）上的表达频率相对较高。这在一定程度上说明了公众目前的政治话题参与感较弱。

表3-2　**公众对不同议题的意见表达频率**

	政治议题	经济问题	文化娱乐	社会民生
均值	1.97	2.11	2.53	2.61
标准差	0.968	0.977	1.128	1.028

（二）公众的意见气候感知、政治效能感和时政新闻关注度概况

1. 意见气候感知

对“全局意见气候感知”变量和“参照群体意见气候感知”变量的均值进行配对样本t检验后发现，如表3-3所示，被访者与全局意见气候的一致性（M=2.442）显著高于与参照群体意见气候的一致性（M=2.608）（$p<0.001$）。这说明，相比于与周围朋友、同事、亲戚以及社交媒体上网友观点的一致性，公众与经常接触的媒体以及现实生活中大多数人观点的一致性更高。

表3-3　**意见表达、意见气候感知、政治效能感和时政新闻关注度概况**

	意见表达	意见气候感知	全局意见气候感知	参照群体意见气候感知	政治效能感	内在效能感	外在效能感	时政新闻关注度
均值	2.058	2.525	2.442	2.608	2.661	3.069	2.388	3.077
标准差	0.655	0.731	0.813	0.801	0.646	0.708	0.826	0.983

续表

	意见表达	意见气候感知	全局意见气候感知	参照群体意见气候感知	政治效能感	内在效能感	外在效能感	时政新闻关注度
方差	0.429	0.534	0.661	0.642	0.417	0.502	0.682	0.966
最小值	1.00	1.00	1.00	1.00	1.00	1.00	1.00	1.00
最大值	5.00	5.00	5.00	5.00	5.00	5.00	5.00	5.00

2. 政治效能感

通过对“内在效能感”和“外在效能感”两个变量进行配对样本 t 检验，发现公众的内在效能感与外在效能感存在显著差异。如表 3-3 所示，公众内在效能感强于外在效能感，且内在效能感（$M=3.069$，$t=2.376$，$p<0.05$）高于普通水平，外在效能感（$M=2.388$，$t=-17.331$，$p<0.001$）低于普通水平。这说明被访者对自己理解时政新闻的能力以及对社会公共问题或政府决策提出建设性意见的能力比较有信心，但是对于自己在社交媒体表达的意见是否能够受到重视，以及意见对问题的解决和政府的决策能否会起到作用信心不高。

3. 时政新闻关注度

如表 3-3 所示，对议题关注度变量进行单样本 t 检验，发现公众对时政新闻的关注度较高，显著高于量表中值 3（$M=3.077$，$t=1.653$，$p<0.05$）。说明公众对时政新闻的关注度基本处于较高水平。

（三）公众意见表达的影响因素

本研究采用阶层回归分析的方法，对影响公众在社交媒体上进行意见表达的因素进行分析。将“就时政新闻发布自己的观点”“转发与时政新闻相关的文章、视频或观点”“对别人就时政新闻发表的观点进行评论”“给时政新闻点赞”“不参与表达（反向计分）”这五项加总后生成“意见表达”变量作为因变量，自变量为意见气候感知、政治效能感和时政新闻关注度，并将人口统计学变量和社交媒体使用的基本情况作为控制变量。在回归分析中，第一阶层输入年龄、性别、受教育程度、收入四个人口学变量；第二阶层输入已使用社交媒体的时长、每天使用社交媒体的时间两个社交媒体的使用情况变量；第三阶层输入时政新闻关注度变量；第四阶层输入全局意见气候感知和参照群体意见气候感知两个意见气候感知变量；最后一个阶层输入内在政治效能感和外在政治效能感两个政治效能感变量。

表 3-4　　**影响“意见表达”频率的因素：分层回归分析**

N=546		意见表达	R^2
人口学变量	性别	0.179***	0.035
	年龄	−0.027	
	受教育程度	−0.048	
	个人年均收入	−0.032	
社交媒体使用情况	已使用社交媒体的时长	−0.029	0.009
	每天使用社交媒体的时间	0.104**	
新闻关注度		0.338***	0.097***
意见气候感知	全局意见气候感知	0.092	0.005
	参照群体意见气候感知	−0.062	
政治效能感	内在效能感	−0.069	0.033***
	外在效能感	0.191***	

注：* 代表 $p < 0.05$；** 代表 $p < 0.01$；*** 代表 $p < 0.001$。

首先对回归模型进行多重共线性诊断。因为回归模型中各个自变量的容忍度均大于0.45，方差膨胀因子 VIF<2，远小于临界值5。因此说明回归模型中不存在多重共线性问题，也说明了此回归模型是有效的。接下来对回归模型进行分析，结果如表 3-4 所示。从回归分析结果可以看出，公众的意见气候感知（包括全局意见气候感知和参照群体意见气候感知）没有对意见表达产生显著影响（$p>0.05$）。故研究假设 1 被拒绝。

公众的内在效能感对意见表达的频率没有显著影响（$p>0.05$）。而公众的外在效能感则对意见表达的频率有显著的正向影响（$p<0.001$）。说明外在效能感强的公众更倾向在社交媒体平台上直接发表观点或者转发、评论，也说明公众感觉自己在社交媒体上表达的意见会受到重视或者能起到作用时，会更频繁地进行表达。故研究假设 2 被部分证实。

时政新闻关注度对意见表达的频率有显著的正向影响（$p<0.001$），且影响程度较大。说明对时政新闻关注程度高的公众在社交媒体上进行意见表达的频率越高。故研究假设 3 被证实。

进入回归分析的人口统计学变量包括性别、年龄、受教育程度、个人年收入。其中将性别处理成哑变量后进入回归分析。结果显示，性别对意见表达有显著的影响，男性在对时政新闻的意见表达上频率显著高于女性。而其他变量均没有影响。故研究假设4得到部分证实。

在社交媒体的使用情况中，“每天使用社交媒体的时间”会对意见表达产生正向影响（$p<0.01$），说明每天花费在社交媒体上的时间越长的公众越倾向对时政新闻进行意见表达。而“已使用社交媒体的时长”对意见表达没有影响。故研究假设5被部分证实。

五、讨论与展望

（一）被回避的时政新闻讨论与政治参与

研究发现，公众对时政新闻进行意见表达行为的频率较低，并且保持沉默的频率最高。公众“就时政新闻发布自己的观点”和“对别人就时政新闻发表的观点进行评论”这种深层次表达行为的频率明显低于“转发与时政新闻相关的文章、视频或观点”和“给时政新闻点赞”这类浅层次表达行为的频率。这说明公众在社交媒体上针对时政新闻的表达参与度和主动性都处于比较低的水平。一般来说，相较于浅层次表达，深层次表达的内容会有更多的观点与思想，这将有利于避免网络舆论中一边倒的从众现象，从而形成较为理性的观点。因此，激发公众的表达意愿，提高其在社交媒体上进行深层次表达和讨论的参与热情，这对于舆论的理性化发展具有重要意义。

在针对不同类型议题的表达上，公众对各种议题的意见表达频率都比较低，各种议题的表达频率都低于一般水平。此外，公众更偏向对社会民生和文化娱乐议题进行意见表达，而对于政治议题进行意见表达的频率较低。所以，鼓励公众参与与公共政策相关的讨论显得很有必要。

（二）失效的沉默的螺旋

本研究对沉默的螺旋理论中“意见气候感知”这一社会心理变量进行测量分析后发现，这一因素并没有对公众在社交媒体上的意见表达产生影响。这一现象出现的原因可能是多方面的。其一，由于公众受教育程度的提高，媒介素养较过往有所提高，因此用户在发表意见时的独立性思考更强，从众行为不明显。加之现代传播技术快速发展，算法推荐使得圈层聚集愈发明显，因此公众对时政新闻的意见与全局意见气候和参照群体意见气候的一致性都比较高。所以沉默的螺旋中的“害怕被排斥”恐惧有所减弱。其二，社交媒体平台上的舆论形态与传统媒体的舆论形态是不同的。在传统媒体时代，媒体的声音多为主导性言论，代表或者引导着舆论，而社交媒体上的舆论形态往往表现为多元观点的碰撞和交汇。因此，即使公众感知到与自己观点不同的意见气候时，也仍然有可能去表达自己的不同观点。

（三）提高时政新闻的关注度，促进意见表达

本研究发现，时政新闻关注度对影响公众意见表达的解释力最大。较关注时政新闻的公众不仅对相关事件了解得更多更详尽，也更容易进行意见表达。此外，研究还发现公众对时政新闻的关注度都处于较高水平。虽然被调查对象的意见表达均值较低，但对时政新闻类的意见表达高于均值。其原因是时政新闻与公民生活环境、幸福感息息相关。公众积极对时政新闻进行探讨以期更好地维护自身利益。当然公众对时政新闻进行高频率的意见表达时，也有利于国家政府对政策的调整，推动社会更为平稳地发展。

（四）重视公众的言论，完善与公众的沟通机制

本研究发现，外在效能感正向影响公众的意见表达。公众内在效能感虽高于外在效能感，但对意见表达影响不显著。内在效能感体现的是个体对自我政治影响力的感知。公众的内在效能感高，说明对自身理解时政新闻的能力、对自己就社会问题或政府决策提出建设性意见的能力比较有信心。外在效能感体现的是个体对政治主体和政治体系回应性的感知，公众的外在效能感较低表明其对在社交媒体上表达的意见能够受到重视并且政府等主体会对问题解决做出回应的信心不足。因此，即便公众对自己的政治知识和参政议政能力较有信心，但还是会因为觉得自己的表达不会有很大作用而不经常参与时政新闻相关议题的意见表达。所以内在效能感与公众的意见表达暂无影响关系，而当用户察觉自己的建议会被政府重视时，其意见表达的意愿和行为就越高。

因此，促进公众在社交媒体上进行意见表达的策略是，提高外在效能感。具体来说，一方面需政府和相关部门加强对公众的回应，完善与公众的互动交流机制，认真及时听取民意，提高政治信任，根据公众的建议等

不断提高解决公共问题的能力和效率，让公众感受到自己的意见会受到重视并能够发挥作用。另一方面，需要对社交媒体平台进行管理和优化，从而使有建议性的言论可以被政府相关部门获知。如果社交媒体的大量言论比较情绪化、碎片化、极端化，那便会影响理性声音的表达和传播。所以，政府机构可以在社交媒体上开辟相关的民众意见信息收集平台，并及时回应公众发布的言论，从而提升公众的外在效能感。

（五）不足与展望

鼓励公众在社交媒体进行意见的表达，使不同的声音可以被听到，从而有助于促进政策的完善、促进社会的进步，所以探讨在社交媒体上进行意见表达的影响因素显得比较重要。而影响公众在社交媒体上意见表达的因素是多样的，本部分主要探讨意见气候感知与政治效能感的作用，以期提供一些激发公众进行意见表达的建议。后续的研究可以从更多层面，结合我国社交媒体管理政策等来探讨公众进行意见表达的影响因素，也可以同时辅以访谈的方法，分析公众言说或不言说的深层原因，从而使得对该问题的论述更为深入。

第四章　不同群体对网络游戏规制的支持意向研究：基于政治信任与风险感知的考量

一、研 究 缘 起

网络游戏凭借其隐匿性、草根性、互动性等特点深受人们的喜爱。近年来网络游戏产业迅猛发展，适合各类群体使用的游戏应用频出，同时智能手机的普及使普通用户接触网络游戏的几率增大，网络游戏用户数量急增。“截至 2019 年 12 月，游戏类 App 数量达 90. 9 万款，占 App 总量的 24. 7%，其数量在移动应用种类中排名第一，截至 2020 年 3 月，我国网络游戏用户规模达 5. 32 亿……占网民整体的 58. 9%。”① 然而，网络游戏的流行和使用所引发的社会问题接踵而至，网络游戏成瘾、网络游戏引发暴力犯罪等问题受到各国政府的重视。众多研究表明，网络游戏中的暴力色情内容会对孩子的态度和行为产生负面影响，玩这些游戏会导致上瘾和攻击行为的增加。② 玩暴力游戏更容易引发攻击性思维，唤醒攻击性情绪，诱发攻击性行为和减少亲社会行为。③ 网络游戏使用可能带来诸多负面影响，因此人们要求规制网络游戏的呼声越来越高。

中国网络游戏规制模式是政府机构主导型④，即通过政府出台的相应

---

① 中国互联网络信息中心．第 45 次中国互联网络发展状况统计报告［R］．(2020-04-28)［2020-09-16］．http：//www. cnnic. net. cn/hlwfzyj/hlwxzbg/.

② WOLF H，DEE J. Public Opinion Regarding the Role of Government in Regulating Violent Content in Video Games［J］．First Amendment Studies，2013，47（2）：170-197.

③ 戴维·迈尔斯．社会心理学［M］．张智勇，乐国安，侯玉波，等，译．北京：人民邮电出版社，2006：301.

④ 宫倩，高英彤，王家曦．美国网络游戏规制体系析论［J］．中国青年研究，2015（2）：113-119.

的法律法规和规范性文件进行治理，多个部门依据法律法规或规范性文件对网络游戏进行发行前的审查和上市后的监督。学界对网络游戏规制的研究集中在以下三个方面：其一，研究政府规制网络游戏的发展历程；其二，探究政府规制网络游戏的法律法规内容的合理性和缺陷，为政府规制网络游戏提供建议；其三，研究政府规制或防范网络游戏成瘾的路径。[①②③] 现有文献多是以论述方式基于管理者的视角进行研究，缺少以实证方法进行基于公众视角的研究。而公众是受网络游戏规制影响最大的群体，网络游戏规制的合理性与否直接影响着公众的游戏使用体验，同时公众对网络游戏的认知也影响着政府规制政策的出台。因此，我们有必要对公众支持政府规制网络游戏的意向及其影响因素进行研究，这是本研究的第一个研究问题。

公众支持政府规制网络游戏的意向可能与风险感知密切相关，因为风险感知多次被证实是影响人们行为意向的重要因素。人们对某一事物风险的感知可能来源于直接经验或间接经验，直接经验是指个人的亲身经历与感知，间接经验是指通过媒体的传播或教育等获得的感知。[④] 有研究发现，受事件直接影响的人和未直接受事件影响的人对该事件的风险感知存在差异。[⑤⑥] 网络游戏玩家对网络游戏的认知或感知往往是通过其直接经验而形成的，但非网络游戏玩家对游戏的认知更多是通过间接经验而形成的。那么，玩家和非玩家支持政府规制网络游戏意向及其影响因素是否存在差异性？这是本研究的第二个问题。

鉴于此，本研究以网络游戏玩家和非网络游戏玩家两个群体为研究对象，探究人们支持政府规制的意向及其影响因素，试图构建公众支持规制意向的理论模型，从而揭示不同群体支持规制意向形成的内在机制。这同

---

① 敖晓华. 完善网络游戏立法的若干思考［J］. 中国青年政治学院学报，2005（1）：86-89.

② 张丽滢. 我国网络游戏法律规制的历史演进研究［J］. 边疆经济与文化，2016（9）：37-38.

③ 陈崎. 关于加强未成年人网络游戏监管的建议［J］. 上海人大月刊，2018（11）：29.

④ WACHINGER G，RENN O，BEGG C，et al. The Risk Perception Paradox—Implications for Governance and Communication of Natural Hazards［J］. Risk Analysis，2013，33（6）：1049-1065.

⑤ HO M C，SHAW D，LIN S，et al. How Do Disaster Characteristics Influence Risk Perception?［J］. Risk analysis：an official publication of the Society for Risk Analysis，2008，28（3）：635-643.

⑥ 王积龙. 雾霾区和非雾霾区大学生风险感知与政策认知的实证研究［J］. 现代传播，2018（12）：121-127.

样可为政府部门规制网络游戏提供建议。

二、文献探讨与模型建构

规制是国家在社会集团行为或个人行为与社会共同目标不一致时所采取的纠偏措施和行为限制。① 当前，网络游戏的繁盛有助于经济发展，但造成的一系列社会发展问题不容小觑。因此，需要政府部门对其进行规制，以平衡经济收益和公众利益之间的冲突。而合理的政府规制行为会使公众获得较好的游戏使用体验，从而进一步提升公众对政府规制的支持意向，公众的这种支持意向又会进一步增强政府规制行为的合理性。

行为意向（Behavior Intention，BI）是指决策者对从事某项行为主观概率的评价。② 换而言之，行为意向是指一个人想要实现某种行为时，计划或者愿意付出多大的努力。计划行为理论（Theory of Planned Behavior，TPB）将行为意向视为行为发生的最直接、最准确的预测变量，因为行为意向包含了影响行为决策的所有动机因素，而这些因素又暗示着行为主体愿意为该行为付出努力的程度。③ 伊塞克·艾奇森（Icek Ajzen）等认为，相比态度、感觉和信念等因素，行为意向可以更准确地预测行为主体的未来行为，如果想要判断行为主体在未来采取某种行为的可能性有多大，最佳办法就是了解行为主体的行为意向。④ 由此可见，行为意向是行为强有力的预测因素，在行为决策过程中发挥着举足轻重的作用，若想了解人们对某件事情所采取的行为，了解其行为意向是至关重要的。鉴于此，笔者着重研究网络游戏玩家和非网络游戏玩家支持政府规制网络游戏的意向及其影响因素，并分析这两个群体在该事上所存在的差异。

---

① 高英彤，王家曦，刘长君．网络游戏社会性规制的路径论析［J］. 东北师大学报（哲学社会科学版），2017（5）：69-74.

② AJZEN I，DRIVER B L. Prediction of leisure participation from behavioral，normative，and control beliefs：An application of the theory of planned behavior［J］. Leisure Sciences，1991，13（3）：185-204.

③ KULIK B W，O' FALLON M J，SALIMATH M S. Do Competitive Environments Lead to the Rise and Spread of Unethical Behavior? Parallels from Enron［J］. Journal of Business Ethics，2008，83（4）：703-723.

④ AJZEN I，DRIVER B L. Prediction of leisure participation from behavioral，normative，and control beliefs：An application of the theory of planned behavior［J］. Leisure Sciences，1991，13（3）：185-204.

（一）制度信任与支持规制意向

本研究中的行为意向是指网络游戏玩家和非玩家在多大程度上愿意支持政府规制，具体而言，包括对政府规制网络游戏行政法律性规制和经济性规制的支持意向。制度信任是影响公众对政策支持意向的关键因素。制度信任在组织中表现为成员对组织制度可信任程度的评价。[①] 弗里德里克·韦尔特（Friederike Welter）等人认为，制度信任是对政治、法律、经济架构和非正式规则的功能的信任。制度信任的对象主要是制度本身和制度功能。[②] 因此，在对制度信任进行测量时，应从制度合法性和制度有效性两个维度进行测量，制度合法性是指群体接受程度，即该制度是否是可取的、正当的、合适的，强调的是利益相关者的接受状况，而制度有效性是指制度是否得到有效的执行。[③]

本研究的制度信任是指公众对国家网络游戏主管部门（中华人民共和国文化和旅游部、中华人民共和国工业和信息化部、国家新闻出版署等）制定的管理网络游戏的规章制度和法律法规的信任，主要从制度合法性和制度有效性两个维度来评估制度信任，制度合法性主要是测量不同群体接受网络游戏规制制度的程度和状况，制度有效性主要是测量不同群体对制度执行效用的信任程度。

制度信任是进行有效治理的一个重要条件，也是影响公共政策实施的关键因素。[④][⑤] 基思·史密斯（E. Keith Smith）等在研究民众支持应对气候问题的政策的意愿时发现：居住在具有高度制度信任地区的人更愿意支持政府出台的政策。[⑥] 何可等人和魏东等人在研究农民参与环境治理意向

---

① BORNSTEIN B H, TOMKINS A J. Institutional Trust: An Introduction. Nebraska Symposium on Motivation [J]. Nebraska Symposium on Motivation, 2015 (62): 1.

② WELTER F. All You Need Is Trust? A Critical Review of The Trust and Entrepreneurship Literature [J]. International Small Business Journal, 2012, 30 (3): 193-212.

③ 戚玉觉，杨东涛，何玉梅．组织中的制度信任：概念、结构维度与测量［J］．经济管理，2018（2）：192-208.

④ KLUEGEL J R, MASON D S. Fairness matters: Social justice and political legitimacy in post-communist Europe [J]. Europe Asia Studies, 2004, 56 (6): 813-834.

⑤ DE Cremer D. Trust and fear of exploitation in a public goods dilemma [J]. Current Psychology, 1999, 18 (2): 153-163.

⑥ SMITH E K, MAYER A. A social trap for the climate? Collective action, trust and climate change risk perception in 35 countries [J]. Global Environmental Change, 2018 (49): 140-153.

时也发现，农民的制度信任显著影响其参与治理的意愿。①② 故本研究提出如下研究假设：

H1a：网络游戏玩家的制度信任正向影响其支持规制意向。

H1b：非网络游戏玩家的制度信任正向影响其支持规制意向。

（二）人际讨论与风险感知、支持规制意向

人际讨论的核心是强调人与人之间的信息传递和交流活动。本研究的人际讨论主要是指人们对媒体报道的有关网络游戏负面新闻内容的讨论。已有的研究表明，越频繁接触媒体信息的人，越会频繁地就接收到的相关信息进行人际间讨论，这进而影响个人的规范认知和行为。③④ 珍·安德森（Jenn Anderson）等人研究发现，积极的人际传播策略可以提高人们对政策的支持意向⑤，布莱斯·汉尼拔（Bryce Hannibal）研究发现，对环境问题讨论越多的人，越愿意支持政府出台的环境治理政策⑥。迪特兰姆·舍费勒（Dietram A. Scheufele）认为人际讨论可以影响人们的政治参与行为，但影响是微弱的。具体而言，越是善于与人交流的人，其支持政府政策的意向会越强烈。⑦ 本研究拟验证人际讨论是否会影响人们对政府规制网络游戏的支持意向，故提出如下研究假设和问题：

H2a：网络游戏玩家对负面信息的人际讨论正向影响其支持规制意向。

---

① 魏东，刘鸿渊，孙玉平. 制度信任对农民参与环境治理决策意愿影响研究［J］. 软科学，2019（7）：111-115.

② 何可，张俊飚，张露，吴雪莲. 人际信任、制度信任与农民环境治理参与意愿——以农业废弃物资源化为例［J］. 管理世界，2015（5）：75-88.

③ Southwell B G，YZER M C. The roles of interpersonal communication in mass media campaigns［J］. Communication Yearbook，2007（31）：420-462.

④ VALENTE T W，RITT-OLSON A，STACY A，et al. Peer acceleration：effects of a social network tailored substance abuse prevention program among high-risk adolescents［J］. Addiction，2007，102（11）：1804-1815.

⑤ ANDERSON J，KUEHL R A，DRURY S A M，et al. Policies aren't enough：the importance of interpersonal communication about workplace breastfeeding support［J］. Journal of Human Lactation，2015，31（2）：260-266.

⑥ HANNIBAL B，VEDLITZ A. Social Capital，Knowledge，and the Environment：The Effect of Interpersonal Communication on Climate Change Knowledge and Policy Preferences［J］. Sociological Spectrum，2018，38（4）：277-293.

⑦ SCHEUFELE D A. Talk or Conversation? Dimensions of Interpersonal Discussion and Their Implications for Participatory Democracy［J］. Journalism & Mass Communication Quarterly，2000，77（4）：727-743.

H2b：非网络游戏玩家对负面信息的人际讨论正向影响其支持规制意向。

风险感知指个体对存在于外界的各种风险的感受和认识。① 在网络游戏使用情境中，风险感知是指网络游戏用户在使用游戏过程中对游戏不良影响的感知。这种不良影响可能是心理上或生理上的，如过度使用网络游戏造成身体疲劳、耽误学业和工作、导致自闭等。②

以往研究表明，风险感知是影响行为意向的重要因素之一，基思·史密斯（Keith Smith）等在研究民众支持气候政策的意愿时发现，居住在具有气候问题的国家的人更愿意支持气候政策。③ 张郁的研究也发现，公众对环境类邻避设施的健康和环境风险感知是影响其参与意向最重要的因素。④ 依此来推测，公众对网络游戏使用行为的风险感知可能会影响其支持政府规制网络游戏的意向。鉴于此，本研究提出研究假设：

H2c：网络游戏玩家的风险感知正向影响其支持规制意向。

H2d：非网络游戏玩家的风险感知正向影响其支持规制意向。

张龙在研究农民工对城市的适应时发现，人际讨论是建构农民工对城市的风险认知的重要因素。⑤ 罗茜等和安德鲁·宾德（Andrew Binder）等的发现都证实了人际讨论的频次会增加人们的风险感知。⑥⑦ 崔波等人的研究发现人们对转基因食品的讨论会增加其对转基因食品的风险感知。⑧

---

① 谢晓非，徐联仓．风险认知研究概况及理论框架［J］．心理学动态，1995（2）：17-22.

② 张昆，任怡林．情感的中介效应：网络游戏用户认知与使用行为意向［J］．新闻与传播评论，2020（1）：32-46.

③ SMITH E K，MAYER A. A social trap for the climate? Collective action，trust and climate change risk perception in 35 countries［J］. Global Environmental Change，2018（49）：140-153.

④ 张郁．公众风险感知、政府信任与环境类邻避设施冲突参与意向［J］．行政论坛，2019（4）：122-128.

⑤ 张龙．风险传播视角下的新生代农民工城市适应研究［D］．南京：南京大学，2018［2020-10-11］. https：//kns. cnki. net/kcms/detail/detail. aspx? dbcod.

⑥ 罗茜，沈阳．媒介使用、社会网络与环境风险感知——基于CGSS2010数据的实证研究［J］．新媒体与社会，2017（3）：79-98.

⑦ BINDER A R，SCHEUFELE D A，BROSSARD D，et al. Interpersonal Amplification of Risk? Citizen Discussions and Their Impact on Perceptions of Risks and Benefits of a Biological Research Facility［J］. Risk Analysis AnOfficial Publication of the Society for Risk Analysis，2011，31（2）：324-334.

⑧ 崔波，马志浩．人际传播对风险感知的影响：以转基因食品为个案［J］．新闻与传播研究，2013（9）：5-20，126.

那么人们对网络游戏负面报道的讨论也有可能会增加人们对网络游戏使用行为的风险感知。故提出如下研究假设：

H2e：网络游戏玩家对负面信息的人际讨论正向影响其对网络游戏使用行为的风险感知。

H2f：非网络游戏玩家对负面信息的人际讨论正向影响其对网络游戏使用行为的风险感知。

（三）风险感知的中介效应

已有的研究多次证明，人际讨论会影响人们支持某一政策的意向。① 但这些研究仅仅讨论了人际讨论对支持规制意向的直接影响，并没有发现其影响的过程和机制。那么，人际讨论究竟如何影响支持规制意向？风险的社会放大理论为我们提供了一些思考。风险的社会放大理论认为，被用来描述风险或风险事件及其特征的风险信号会被个人或社会"放大站"放大，② 这种放大的风险会增强或减弱公众的风险感知，进而会导致一些态度或行为改变，如对风险事件的态度改变、政治和社会压力的变化、风险监测和监管的变化、要求实施限制性管制等。③④⑤ 本研究希望分析当媒体报道和人际讨论作为风险内容传播的"放大站"时，人们对网络游戏负面报道的讨论是否会加重人们对网络游戏使用行为的风险感知，风险感知进而影响人们支持规制意向。故提出如下研究假设：

H3a：风险感知在网络游戏玩家对负面信息的人际讨论与支持规制意向的关系中发挥中介作用。

H3b：风险感知在非网络游戏玩家对负面信息的人际讨论与支持规制

---

① HANNIBAL B, VEDLITZ A. Social Capital, Knowledge, and the Environment: The Effect of Interpersonal Communication on Climate Change Knowledge and Policy Preferences [J]. Sociological Spectrum, 2018, 38 (4): 277-293.

② 汤景泰，巫惠娟．风险表征与放大路径：论社交媒体语境中健康风险的社会放大 [J]．现代传播，2016 (12)：15-20.

③ KASPERSON R E. The social amplification of risk and low-level radiation [J]. Bulletin of the Atomic Scientists, 2012, 68 (3): 59-66.

④ KASPERSON R E. The Social amplification of Risk: Progress in Developing an Integrative Framework in Social Theories of Risk. Social Theories of Risk [J]. Westport, CT: Praeger, 1992: 153-194.

⑤ 康妮．从责难信号的角度谈新媒体对网络群体性事件风险的社会放大——以雷洋事件为例 [J]．时代金融，2017 (11)：319-322.

意向的关系中发挥中介作用。

（四）网络游戏玩家和非网络游戏玩家的差异性

人们对某一事物的风险感知可能来源于直接经验或间接经验，① 研究者也发现受事件直接影响的人和未受直接影响的人对事件的风险感知存在较大差异。②③ 网络游戏玩家对网络游戏的认知、感知往往是通过其直接经验而生产的，但非游戏玩家对游戏的认知更多是通过间接经验而形成的，因此，他们在制度信任、人际讨论、风险感知、支持规制网络游戏的意向等方面可能存在差异，故提出如下研究假设：

H4a：网络游戏玩家和非网络游戏玩家的制度信任存在差异。

H4b：网络游戏玩家和非网络游戏玩家支持规制意向存在差异。

H4c：网络游戏玩家和非网络游戏玩家的人际讨论存在差异。

H4d：网络游戏玩家和非网络游戏玩家的风险感知存在差异。

三、研究方法

（一）问卷设计与量表

本研究采用问卷调查法获取数据，在设计问卷时，所有变量测量题项均参考了国内外研究中的成熟量表，以确保量表效度。此外，根据国务院、国家新闻出版署等部门出台的规制网络游戏的法律法规，对制度信任和支持规制意向的量表进行调整。问卷针对上述研究模型中的 4 个变量，设计了 26 道题目，所有的题目均使用李克特五级量表进行测量。每个变量对应的测量题项和量表来源如表 4-1 所示。

---

① WACHINGER G, RENN O, BEGG C, et al. The Risk Perception Paradox—Implications for Governance and Communication of Natural Hazards [J]. Risk Analysis, 2013, 33 (6): 1049-1065.

② HO M C, SHAW D, LIN S, et al. How Do Disaster Characteristics Influence Risk Perception? [J]. Risk analysis: an official publication of the Society for Risk Analysis, 2008, 28 (3): 635-643.

③ 王积龙. 雾霾区和非雾霾区大学生风险感知与政策认知的实证研究 [J]. 现代传播, 2018 (12): 121-127.

表 4-1　**变量测量**

变量	题　　项	来源
制度信任	我相信政府出台的法律法规规定网络游戏公司对游戏玩家进行实名制是合理的 我相信政府出台的法律法规规定网络游戏公司限制未成年玩家的使用时长是合理的 我相信政府出台的法律法规对违规的网络游戏进行下架或罚款等处罚是合理的 我相信政府出台的法律法规对网络游戏的色彩、画面、音效等内容进行审查是合理的 我相信政府部门对网络游戏内容上线前采取的审查和规范措施，可以有效地过滤掉网络游戏里的不良内容（如色情、暴力） 我相信政府部门要求网络游戏公司进行游戏实名制，可以有效地防止未成年人过度使用 我相信政府部门对网络游戏检查和处罚，可以有效地规范网络游戏的内容 我相信政府部门对违规网络游戏公司进行的处罚是有力的	戚玉觉等①； 姜素芳等②
人际讨论	当我看到媒体报道使用网络游戏的负面新闻时（如过度使用网络游戏造成猝死、使用网络游戏造成财产损失、模仿网络游戏内容造成犯罪和人身伤害等），我会： 我会与家庭成员交流 我会与亲戚交流 我会与朋友交流 我会与同事/同学交流 我会与他人讨论关于过度使用网络游戏造成猝死的媒体报道 我会与他人讨论关于使用网络游戏造成财产损失的媒体报道 我会与他人讨论关于模仿网络游戏内容造成犯罪的媒体报道 我会与他人讨论关于模仿网络游戏内容造成人身伤害的媒体报道	Lin 等③； Lee 等④

① 戚玉觉，杨东涛，何玉梅．组织中的制度信任：概念、结构维度与测量［J］．经济管理，2018（2）：192-208.

② 姜素芳，潘琪，陈志良．网络食品消费者风险感知能力影响因素的实证研究——以浙江省为例［J］．中国食物与营养，2019（6）：37-42.

③ LIN C A，LAGOE C. Effects of News Media and Interpersonal Interactions on H1N1 Risk Perception and Vaccination Intent［J］. Communication Research Reports，2013，30（2）：127-136.

④ LEE C. The Interplay Between Media Use and Interpersonal Communication in the Context of Healthy Lifestyle Behaviors：Reinforcing or Substituting?［J］. Mass Communication and Society，2009，13（1）：48-66.

续表

变量	题　项	来源
风险感知	我认为玩网络游戏会浪费时间 我认为玩网络游戏会浪费金钱 我认为玩网络游戏会影响工作或学习 我认为玩网络游戏会影响家庭和睦 我认为玩网络游戏会影响身体健康	Elias 等①；Weinstein②
支持规制意向	我愿意支持政府部门对网络游戏内容进行上线前的审查 我愿意支持政府部门加大对网络游戏内容违规行为的处罚力度 我愿意支持政府部门要求网络游戏公司加强对未成年人的保护 我愿意支持政府部门对网络游戏内容进行的不定期检查 我愿意支持政府部门对网络游戏场所（网吧）进行的不定期检查 我愿意支持政府部门对网络游戏进行严格的管理	Hoffne 等③；国家新闻出版总署④

（二）数据收集与样本情况

在2020年9月15日至30日，研究者通过QQ群、QQ空间、微信群、微信朋友圈等多种途径以滚雪球的方式发放问卷，最终获得了652份问卷。为了确保问卷的质量，将填写时间低于90秒、所有题目答案相同、前后选项相悖的问卷剔除，最终得到523份有效问卷。

问卷同时调查了受访者的性别、年龄、学历、婚姻状况、生育状况、已育受访者的孩子的年龄，详细的样本构成情况如表4-2所示。

---

① KHALIL G E，BEALE I L，CHEN M，et al. A Video Game Promoting Cancer Risk Perception and Information Seeking Behavior Among Young-Adult College Students：A Randomized Controlled Trial［J］. Jmir Serious Games，2016，4（2）：e5793.

② WEINSTEIN N D. Accuracy of smokers'risk perceptions［J］. Annals of behavioral medicine，1998，20（2）：135-140.

③ HOFFNER C，BUCHANAN M. Parents' Responses to Television Violence：The Third-Person Perception，Parental Mediation，and Support for Censorship［J］. Media Psychology，2002，4（3）：231-252.

④ 国家新闻出版署．国家新闻出版署关于防止未成年人沉迷网络游戏的通知［EB］.（2019-11-19）［2021-08-30］. http：//www. nppa. gov. cn/nppa/contents/312/74539. shtml.

表 4-2　总样本构成情况（N=523）

样本特征	分类	人数（个）	占比（%）
性别	男性	180	34.42
	女性	343	65.58
年龄	18—25 岁	276	52.77
	26—45 岁	163	31.17
	46—60 岁	81	15.49
	60 岁以上	3	0.57
学历	小学	4	60.80
	初中	34	18.20
	高中	82	10.90
	大学	324	6.40
	硕士研究生	69	1.70
	博士研究生	10	2.10
婚姻状况	未婚	295	56.40
	已婚	228	43.60
生育状况	未育	300	57.36
	已育	223	42.64
孩子年龄	6 岁以下	27	12.11
	6—12 岁	51	22.87
	12—18 岁	59	26.46
	18 岁以上	78	34.98
	未知	8	3.59

四、研究发现

（一）测量评估

本研究采用 SPSS 软件进行数据分析，使用 Cronbach's alpha 系数以检验量表的内部一致性信度，结果显示，量表整体的 Cronbach's alpha = 0.941，4 个变量分量表的 Cronbach's alpha 均在 0.882 以上（见表 4-3），根据被普遍接受的 Cronbach's alpha≥0.70 的标准来看，量表具有良好的内在一致性，信度较高，可以进行下一步的数据分析。随后，使用探索性因子分析来评估量表的聚合效度。所有变量的 KMO 值均大于 0.8，Bartlett 球状检验中 P 值为 0.000，平方差抽取量（AVE）均大于 0.5，证明该量表的效度较好。

表 4-3 信度和效度分析

变量	Cronbach's α	KMO	P 值	平均方差抽取量（AVE）
制度信任	0.882	0.863	0.000	0.554
支持规制意向	0.962	0.911	0.000	0.841
风险感知	0.933	0.871	0.000	0.789
人际讨论	0.939	0.860	0.000	0.707

（二）不同群体的差异性分析

本研究选用独立样本 t 检验分别考察两个群体在制度信任、支持规制意向、人际讨论、风险感知上的差异性。结果显示（见表 4-4），制度信任、支持规制意向、人际讨论、风险感知 4 个变量的双尾概率 p 值都小于 0.05，达显著水平，这说明网络游戏玩家和非玩家的制度信任、人际讨论、风险感知、支持规制意向存在显著差异，且 t 值均为负值表明非网络游戏玩家的制度信任、支持规制意向、人际讨论、风险感知均高于游戏玩家，其中，游戏玩家和非游戏玩家的风险感知差异最大。因此，H4a、H4b、H4c、H4d 成立。

表 4-4 游戏玩家与非玩家的差异（N=523）

变量	游戏玩家		非游戏玩家		T 值	P 值
	均值	标准差	均值	标准差		
制度信任	4.18	0.67	4.32	0.63	−2.45	0.015
支持规制意向	4.31	0.67	4.47	0.62	−2.84	0.005
人际讨论	3.51	0.79	3.76	0.79	−3.50	0.000
风险感知	3.31	0.90	4.04	0.79	−9.86	0.000

（三）回归分析

1. 不同群体支持规制网络游戏意向的影响因素

本研究使用 OLS 回归分析方法探究影响两个群体支持规制网络游戏意向的因素，将受访者的性别、年龄、学历、婚姻状况、生育情况以及孩子年龄作为控制变量，制度信任、人际讨论、风险感知作为自变量，支持规制意向作为因变量，带入回归方程进行分析。

结果显示（见表 4-5），两个群体的制度信任、人际讨论、风险感知均正向影响其支持规制意向。因此，H1a、H1b、H2a、H2b、H2c、H2d 得到证实。但对非游戏玩家来说，风险感知（$\beta=0.475$，$p<0.001$）对其支持规制意向的影响最大，其次是制度信任（$\beta=0.229$，$p<0.001$），而人际讨论（$\beta=0.135$，$p<0.05$）对其支持意向的影响最小。对网络游戏玩家来说，制度信任（$\beta=0.398$，$p<0.001$）对其支持规制意向的影响最大，其次是人际讨论（$\beta=0.183$，$p<0.01$），而风险感知（$\beta=0.148$，$p<0.05$）对其支持网络游戏规制意向的影响最小。此外，所有的控制变量中，只有受访者孩子的年龄对其支持规制意向产生了影响，即网络游戏玩家和非网络游戏玩家的孩子年龄越大，他们支持规制意向越高。

表 4-5　**网络游戏规制意向的影响因素 OLS 回归分析**

变量	模型 1		模型 2	
	非游戏玩家	游戏玩家	非游戏玩家	游戏玩家
控制变量				
性别	-0.011	0.026	-0.030	0.047
年龄	-0.107	-0.126	-0.078	-0.053
学历	-0.011	-0.042	-0.012	0.009
婚姻状况	0.133	-0.147	0.000	-0.029
生育情况	0.070	-0.184	-0.313	-0.045
孩子年龄	0.311	0.316	0.307*	0.184*
自变量				
制度信任	—	—	0.229***	0.398***
人际讨论			0.135*	0.183**
风险感知			0.475***	0.148*

注：*** 代表 $p<0.001$，** 代表 $p<0.01$，* 代表 $p<0.05$，相关性是显著的。

2. 人际讨论与风险感知

为探索影响两个群体风险感知的因素，本研究使用 OLS 回归分析方法，将受访者的性别、年龄、学历、婚姻状况、生育情况以及孩子年龄作为控制变量，人际讨论作为自变量，风险感知作为因变量，带入回归方程进行分析。

结果显示（见表 4-6），对非网络游戏玩家来说，人际讨论（β=0.404，p<0.001）正向影响其对网络游戏的风险感知，所有控制变量只有生育状况（β=0.523，p<0.05）对非玩家的风险感知产生影响；对网络游戏玩家来说，人际讨论（β=0.234，p<0.001）正向影响其对网络游戏的风险感知，所有控制变量只有孩子年龄对玩家的风险感知产生影响。因此，H2e、H2f 得到证实。

表 4-6 **网络游戏风险感知的影响因素 OLS 回归分析**

变量	模型 1		模型 2	
	非游戏玩家	游戏玩家	非游戏玩家	游戏玩家
控制变量				
性别	0.038	0.007	-0.004	0.018
年龄	0.050	-0.265	0.135	-0.263
学历	-0.046	-0.057	-0.021	-0.040
婚姻状况	0.196	-0.285*	0.201	-0.247
生育状况	0.523*	-0.287	0.362*	-0.272
孩子年龄	-0.024	0.538*	-0.014	0.540*
自变量				
人际讨论	—	—	0.404***	0.234***

注：*** 代表 p<0.001，** 代表 p<0.01，* 代表 p<0.05，相关性是显著的。

（四）中介效应的检验

本研究使用 SPSS 中的 process 插件检验中介效应，当置信区间不包含 0，且 P 值小于 0.05 时，则说明中介效应是显著的。中介效应比则是指间接效应占总效应的比值，这个值越大证明中介变量在自变量与因变量的关系中发挥的作用越大。结果显示（见表 4-7、表 4-8），网络游戏玩家的风险感知在其人际讨论与支持规制意向关系中发挥中介作用，中介效应比为

17%，非网络游戏玩家的风险感知在其人际讨论与支持规制意向关系中发挥中介作用，中介效应比为 56%，因此，H3a、H3b 得到回应。

表 4-7　　**网络游戏玩家风险感知的中介效应检验**

（Bootstrap 样本量为 5000）

<table>
<tr><th rowspan="3"></th><th rowspan="3">直接效应</th><th rowspan="3">间接效应</th><th rowspan="3">总效应</th><th rowspan="3">中介效应比</th><th colspan="2">Bootstrapping</th><th rowspan="3">P 值</th></tr>
<tr><th colspan="2">Bias-Corrected 95%CI</th></tr>
<tr><th>Lower</th><th>Upper</th></tr>
<tr><td>人际讨论—风险感知（a）</td><td>0. 3561</td><td rowspan="4">0. 076</td><td rowspan="4">0. 4385</td><td rowspan="4">17%</td><td rowspan="4">0. 0337</td><td rowspan="4">0. 1274</td><td rowspan="4">0. 000</td></tr>
<tr><td>风险感知—支持规制意向（b）</td><td>0. 2155</td></tr>
<tr><td>人际讨论—支持规制意向（c）</td><td>0. 3618</td></tr>
<tr><td>人际讨论—风险感知—支持规制意向</td><td>—</td></tr>
</table>

表 4-8　　**非网络游戏玩家风险感知的中介效应检验**

（Bootstrap 样本量为 5000）

<table>
<tr><th rowspan="3"></th><th rowspan="3">直接效应</th><th rowspan="3">间接效应</th><th rowspan="3">总效应</th><th rowspan="3">中介效应比</th><th colspan="2">Bootstrapping</th><th rowspan="3">P 值</th></tr>
<tr><th colspan="2">Bias-Corrected 95%CI</th></tr>
<tr><th>Lower</th><th>Upper</th></tr>
<tr><td>人际讨论—风险感知（a）</td><td>0. 4573</td><td rowspan="4">0. 2316</td><td rowspan="4">0. 4132</td><td rowspan="4">56%</td><td rowspan="4">0. 1077</td><td rowspan="4">0. 2721</td><td rowspan="4">0. 000</td></tr>
<tr><td>风险感知—支持规制意向（b）</td><td>0. 5064</td></tr>
<tr><td>人际讨论—支持规制意向（c）</td><td>0. 1816</td></tr>
<tr><td>人际讨论—风险感知—支持规制意向</td><td>—</td></tr>
</table>

五、结论与讨论

本研究探究网络游戏玩家、非网络游戏玩家支持政府规制网络游戏意向的影响因素及影响机制，发掘这两个群体在此问题上的差异性。研究发现，这两个群体在制度信任、人际讨论、风险感知、支持规制意向方面存在显著差异，制度信任、人际讨论、风险感知均对两个群体支持规制意向产生显著影响。在这项研究中，我们有一些意外的发现：①非网络游戏玩家对网络游戏的风险感知远高于网络游戏玩家，且风险感知是非网络游戏支持规制意向最强的预测因素；②网络游戏玩家支持规制意向很高，制度信任是影响其支持规制意向最强的因素；③人际讨论对支持规制意向的影响是通过风险感知这一中介效应实现的，且非网络游戏玩家的风险感知在其人际讨论和支持规制意向关系中发挥的中介作用大于网络游戏玩家风险感知发挥的中介作用。这些研究发现有待进一步讨论。

其一，两个群体在支持规制意向及其影响因素方面存在显著的差异。独立样本 t 检验的结果显示，非网络游戏玩家的制度信任、人际讨论、风险感知、支持规制意向均显著高于游戏玩家。其中，非网络游戏玩家的风险感知远远高于网络游戏玩家，这一发现与之前的研究并不相同。以往研究结论通常是，对某一事件具有直接经验的人比间接经验的人的风险感知水平高，如王积龙研究发现，对雾霾具有直接经验的保定市大学生的雾霾风险感知水平高于对雾霾具有间接经验的海口市大学生。① 但本研究并不支持这一论断。可能存在两个原因：一方面，这与研究主题有关。雾霾作为一种灾害性天气，它带来的后果是负面的，雾霾地区的人们能够直接感受到雾霾天气对其身体、生活带来的负面影响（如雾霾导致呼吸道疾病、影响市民正常出行等），因此，雾霾地区人们的风险感知水平往往高于非雾霾区。但是，网络游戏使用行为带来的后果并不一定是负面的，对网络游戏玩家来说，适当使用网络游戏是一种调节生活、放松娱乐的途径，过度使用网络游戏才可能会导致负面后果，而网络游戏玩家作为直接经验者，对游戏的风险感知往往来源于自己的使用体验，所以，风险感知水平

① 王积龙．雾霾区和非雾霾区大学生风险感知与政策认知的实证研究［J］．现代传播，2018（12）：121-127.

反而低于非网络游戏玩家，就像刘德寰等在研究教师群体对青少年网络游戏行为的认知和态度时发现，玩游戏的教师表现出对网络游戏益处更多的认可，而不玩游戏的教师更多肯定网络游戏的害处。① 另一方面，非网络游戏玩家对游戏的风险感知缺乏客观性，可能存在偏差。这一群体未玩过网络游戏，无法直接感受到网络游戏使用存在的风险，其风险感知来源于间接经验，如媒体对网络游戏的负面报道、他人对游戏引发各类问题的讨论等。因为有研究表明，媒体报道（尤其是图片）会影响受众的情绪，继而加剧受众对事件的风险感知水平，② 且本研究发现，非网络游戏玩家对相关媒体报道内容的人际讨论对风险感知的影响远远大于网络游戏玩家。

其二，本研究证实了两个群体的人际讨论均正向影响其风险感知，但影响程度不同。非网络游戏玩家的人际讨论对风险感知的影响较强，即非网络游戏玩家对网络游戏负面报道的讨论会加剧其风险感知水平。此外，影响非网络游戏玩家风险感知的因素是多样的，本研究还发现非网络游戏玩家的生育状况会影响其感知水平，即养育孩子的非网络游戏玩家比未养育孩子的人的风险感知高。这可能与“父母”这一特殊身份有关，网络上充斥着大量有关未成年人过度使用网络游戏的负面报道，而不玩网络游戏的父母群体在看到同类新闻时，往往更容易产生共鸣，因此影响其风险感知水平。

其三，网络游戏玩家支持政府规制网络游戏的意向较高。在这项研究中，笔者意外发现网络游戏玩家非常支持政府规制网络游戏，测量网络游戏规制意向的题目（最大值为5）的均值为4.31，远远高于中位数3。本研究主要测量了人们对政府部门审查游戏内容、加大违规行为处罚力度、加强对未成年人的保护、检查网吧等措施的支持程度，这些措施在很大程度上是为了保护未成年人的身心健康。网络游戏玩家支持规制网络游戏可能的解释是：网络游戏玩家出于利他主义，认为基于保护未成年人的目的，应当支持政府规制网络游戏。迈克·施密尔巴克（Mike Schmierbach）等人研究发现，第三人效果感正向影响人们支持网络游戏的审查和规制的

① 刘德寰，陈斯洛，王汉生．教师对青少年网络游戏的认知、态度及其影响因素研究［J］．广告大观（理论版），2015（3）：43-53.

② GEE S, SKOVDAL M. The role of risk perception in willingness to respond to the 2014-2016 West African Ebola outbreak: a qualitative study of international health care workers［J］. Global Health Research & Policy, 2017, 2（1）：1-10.

意向①，也就是说，认为网络游戏对他人造成较大不良影响的人更愿意支持政府规制网络游戏，游戏玩家愿意支持政府规制网络游戏的原因是为了保护他人。

其四，受访者的孩子的年龄也影响其风险感知和支持规制意向。具体而言，这两个群体的孩子年龄越大，他们支持政府规制意向就越高。对游戏玩家来说，孩子年龄会影响其风险感知水平，即孩子年龄越大的游戏玩家感受到来自网络游戏的风险越高。这与当前社会实际情况相符，多数家长普遍认为网络游戏给孩子的学习与成长带来了极大危害，因此，他们对网络游戏的风险感知较高，也更愿意支持政府规制网络游戏。

其五，网络游戏玩家与非玩家的制度信任、人际讨论、风险感知水平均正向影响其支持规制的意向。这与基思·史密斯（Keith Smith）等人②、珍·安德森（Jenn Anderson）等人③、张郁④的研究结论一致。但是，这两个群体的制度信任、人际讨论、风险感知对其支持规制意向的影响程度有着很大差异。具体而言，网络游戏玩家支持规制意向最强有力的预测因素是制度信任，但非网络游戏玩家支持规制意向最强有力的预测因素是风险感知。也就是说，越是相信政府能够对网络游戏进行良好规制的网络游戏玩家，越支持政府规制网络游戏，非游戏玩家较高的风险感知水平使其更愿意支持政府对网络游戏进行规制。

最后，我们发现风险感知在网络游戏玩家与非网络游戏玩家的人际讨论与支持规制意向关系中均发挥中介作用，即人际讨论通过风险感知进而影响支持规制意向。这一作用机制印证了风险的社会放大理论，风险放大过程包括信息传播机制和社会反应机制，信息传播机制即人们对风险信息的处理会增强或减弱人们的风险感知水平，风险放大过程的社会反应机制是指人们风险感知水平的增长会激起人们对制度的反应，甚至会寻求来自

---

① SCHMIERBACH M, XU Q, BOYLE M P. The Role of Exemplification in Shaping Third-Person Perceptions and Support for Restrictions on Video Games [J]. Mass Communication and Society, 2012, 15 (5): 672-694.

② SMITH E K, MAYER A. A social trap for the climate? Collective action, trust and climate change risk perception in 35 countries [J]. Global Environmental Change, 2018, 49: 140-153.

③ ANDERSON J, KUEHL R A, DRURY S A M, et al. Policies aren't enough: the importance of interpersonal communication about workplace breastfeeding support [J]. Journal of Human Lactation, 2015, 31 (2): 260-266.

④ 张郁．公众风险感知、政府信任与环境类邻避设施冲突参与意向 [J]．行政论坛，2019 (4)：122-128.

政府或社会机构的保护。[①②③④] 媒体上对网络游戏的负面报道和人们对网络游戏负面报道的讨论成为“放大器”，人们对负面报道内容的讨论，加剧了他们的风险感知水平。曾有研究者发现，人民网关于网络游戏青少年的负面新闻报道占关于网络游戏报道总量的90%。媒体在报道中将网络游戏的危害放大，使网络游戏不断被“污名化”。[⑤] 而这些负面报道通过人际讨论被扩散、传播，进而增强了公众对网络游戏的风险感知。随着人们风险感知水平的不断提升，人们希望并支持政府对网络游戏实施规制措施。

值得注意的是，风险感知在网络游戏玩家的人际讨论与支持规制意向关系中发挥的中介作用小于非网络游戏玩家的。可能的原因是：一方面，人际讨论对网络游戏玩家的风险感知影响较弱，因为网络游戏玩家的风险感知更多来源于其使用网络游戏的直接经验，而不是人际讨论，罗杰·卡斯珀森（Roger Kasperson）等的研究表明，直接经验对于最大程度地减少对风险的扭曲认识是非常有必要的[⑥]。因此，网络游戏玩家的风险感知水平更为真实客观，更多的是受到直接经验的影响而非人际讨论。另一方面，网络游戏玩家的风险感知水平较低，因而对支持规制意向的影响较弱，所以，网络游戏玩家的风险感知发挥的中介作用较弱，人际讨论更多的是直接影响支持规制意向。

总的来说，通过研究可以发现，影响不同群体支持规制意向的因素是多方面的，制度信任、负面内容的人际讨论、风险感知等都是重要的因素。如果仅从单一的角度寻求政府规制的合理性往往会有失偏颇，所以政府规制网络游戏时应当注意以下几点：第一，为了提升不同群体对规制意愿的支持度，政府部门规制网络游戏的目标应该是多元化的。保护未成年

---

① KASPERSON R E. The Social amplification of Risk: Progress in Developing an Integrative Framework in Social Theories of Risk. Social Theories of Risk [J]. Westport, CT: Praeger, 1992: 153-194.

② 康妮．从责难信号的角度谈新媒体对网络群体性事件风险的社会放大——以雷洋事件为例［J］．时代金融，2017（11）：319-322.

③ KASPERSON R E, RENN O, SLOVIC P, et al. The Social Amplification of Risk: A Conceptual Framework [J]. Risk Analysis, 1988, 8 (2): 177-187.

④ 全燕．基于风险社会放大框架的大众媒介研究［D］．武汉：华中科技大学，2013［2020-10-11］．https://kns.cnki.net/kcms/detail/detail.aspx? dbcod.

⑤ 燕道成．网络暴力游戏对青少年的涵化与引导研究［M］．北京：知识产权出版社，2015：116-122.

⑥ KASPERSON R E, RENN O, SLOVIC P, et al. The Social Amplification of Risk: A Conceptual Framework [J]. Risk Analysis, 1988, 8 (2): 177-187.

网络游戏玩家、敦促网络游戏产业健康发展、提升网络游戏产业的经济效益等都应该作为规制网络游戏的目标而被政府所考虑。第二，规制网络游戏时，应当兼顾规制行为涉及的各个群体的利益，切勿仅基于非游戏玩家的风险感知和他们强烈的支持规制意向就过多地限制网络游戏，因为非网络游戏玩家的风险感知可能存在偏差，应当注意游戏玩家合理的利益诉求。第三，媒体对网络游戏的报道多呈现为负面报道，这影响着公众对网络游戏的客观认知，所以媒体应公正客观地对网络游戏进行报道和评析，同时，政策制定者需要全面地了解有关网络游戏的媒体报道，特别是需要注意正面的报道，从而增强政策内容的合理性。第四，继续培育大众的制度信任，如出台相关政策时，应及时向游戏玩家解释动因，与游戏玩家互动获得反馈等，从而制定更加合理的网络游戏规制政策以获得玩家的认同。

本研究发现，非网络游戏玩家的风险感知远远高于游戏玩家，未来的研究可以对非网络游戏玩家风险感知的影响因素进行分析，也可以对非网络游戏玩家风险感知进行更多层面的考察。现行的网络游戏规制在一定程度上会损害游戏玩家的用户体验感，但网络游戏玩家支持政府规制网络游戏的意向非常高，那么，除了本研究发现的几个影响因素以外，也可以进一步发掘其他影响因素。

第五章　微博上公众的意见表达影响因素研究：基于议题属性的视角

微博类媒体凭借简短精炼的信息内容、即时迅速的传播速度以及双向互动的交流模式，成为人们进行表达意见的主要社交媒体平台。社交媒体上公众的意见表达多与网络热点事件相关，特别是与社会价值观、伦理标准等相悖的负面事件有关。由于社会进入复杂深度转型时期，人们更愿意就社会类新闻发表自己的意见。① 人民网舆情监测室发布的互联网舆情报告也证实了这一点，位列新闻热度前 10 位的网络新闻事件及话题中，负面的社会类新闻几乎占到一半，包括魏则西医疗事件、雷洋案、济南非法疫苗事件等。② 可以说，网民意见表达与议题属性密切相关。

本研究基于议题属性的视角，探讨微博用户意见表达的意愿与行为，分析在正负议题下，用户的表达意愿、表达行为的差异性，从而总结网民意见表达的特征。

一、文献综述

（一）网络意见表达及其影响因素

从政治传播的视角来看，意见表达是指处于社会不同阶层、不同行业的个体、群体及其代表通过一定的渠道和方式，向社会和政府部门表达自身意见、态度与愿望，以维护自身权益或实现一定目标的社会行为。③ 它

① 中国互联网络信息中心．2016 年中国互联网新闻市场研究报告［R］．北京：中国互联网络信息中心，2017.

② 人民网舆情监测室．2016 年互联网舆情报告［R］．北京：人民网舆情监测室，2017.

③ 聂玉波．论微博意见表达的价值取向和社会效应［D］．长春：东北师范大学，2012.

是公民重要的政治权利，受到法律的承认与保护。① 网络意见表达，是指公民（个体或群体）在互联网空间里通过各种言语或非言语方式表示自己的感情、意愿和态度倾向等的网络行为。②

良好的网络意见表达氛围有利于社会民主化的进程。有研究者指出，社会民主化的进程，需要从建立表达机制、完善表达方式、保障表达权等方面入手。③ 互联网的发展为公众提供了相对自由的表达环境，双向式交互的信息传播渠道为公众信息获取和信息沟通去除了诸多障碍，④ 这在一定程度上保障了公民的表达权，拓宽了公民的表达渠道。同时，意见表达作为特殊的“话语参与”形式，为普通公民提供了参与公共议题讨论的机会，⑤ 成为公民参与公共事务决策与管理的重要方式和有效手段，有利于社会民主制的发展。

网络意见表达具有主体平民化、高自主性、高互动性、多样化的特征。

首先，公众意见表达的主体实现了下移，成为一种“平民化”的主体。⑥ 基于互联网的平等性，网络意见表达的主体逐渐呈现出“平民化”倾向。在网络空间中，所有的个体都拥有表达自己意见、看法的权利，现实社会中精英人士、领袖人物、权威媒体所具有的话语霸权被消解。

其次，由于互联网的开放性与交互性的特征，网络意见表达呈现出高自主性和高互动性的特征。公众可以就自己关心的话题自由、自发地展开讨论与交流，意见双方或多方可以进行充分的互动，如此一来，不同的观点、声音可在互联网这个“意见的自由市场”里显得异常活跃。⑦

最后，网络意见表达还具有多样性的特征，其多样性表现在两个方面：表达形式的多样性与表达主体的多样性。一方面，网络环境为多种符号形态的展现提供了条件，公众的表达方式呈现出叙事与议论并重、文字

---

① 王四新．表达自由与自我实现——以网络表达为例［J］．现代传播，2010（10）：25-28.

② 王君玲．网络表达研究［D］．武汉：武汉大学，2009.

③ 张康之，张乾友．论意见表达体系的形成与演变［J］．社会科学战线，2009（10）：174-184.

④ 王艳．民意表达与公共参与：微博意见领袖研究［D］．北京：中国社会科学院研究生院，2014.

⑤ 楚亚杰，张瑜，金兼斌．当代大学生意见表达渠道的选择偏好［J］．青年探索，2016（4）：59-65.

⑥ 吴信训，陈辉兴．构建和谐的公共话语空间——互联网上公众意见表达的形态、特征及其演进趋势［J］．新闻爱好者，2007（6）：6-8.

⑦ 吴信训，陈辉兴．构建和谐的公共话语空间——互联网上公众意见表达的形态、特征及其演进趋势［J］．新闻爱好者，2007（6）：6-8.

与声画并用、传统语言与网络语言并存的特点,① 网络时代“碎片化”的阅读模式也使得公众的意见表达呈现出内容微观化、语言戏谑化、结构碎片化的特征。② 另一方面，互联网技术的“去中心化”、双向互动性、开放性等特征，消解对信息的控制权，打破传统媒体设置议题的垄断地位，意见表达的主体既可以是传统媒体，也可以是普通个人，表达主体多样性特征明显。

当然，网络意见表达也存在一定局限性。网络意见表达存在非理性、情绪化、群体极化的特征，并且滋生出了谣言、网络暴力等不良现象。由于网络弱化了“把关人”作用，人们在网络上进行意见表达缺乏自我检查时，就可能使言论的真实性以及表达的尺度出现偏差，导致一些偏激、非理性、哗众取宠的言论出现,③ 最终可能会使谣言广泛传播，网络暴力事件层出。

关于对网络意见表达影响因素的探讨，可以追溯到伊丽莎白·诺尔-诺依曼（Elisabeth Noelle-Neumann）的“沉默的螺旋”理论。“沉默的螺旋”为意见表达研究提供三大解释性变量：“被孤立的恐惧感”“意见气候感知”“准统计感官”。这些变量不断被后续的研究者进行检验和补充。有研究表明，“被孤立的恐惧感”与意见表达存在影响关系，但也有研究显示，这一影响变量在网络环境中失去了效用。追究其原因，网络的匿名性很大程度上释放了“被孤立”的压力。④ 同时，也有研究者发现，“被孤立的恐惧感”在不同的网络环境中影响不同⑤，如林成龙发现在微博环境中，“被孤立的恐惧感”会发挥作用，而在微信环境中，其作用会消失。关于“意见气候感知”与意见表达的关系，学界对其看法也不一。吉尔哈特（Sherice Gearhart）等人的研究发现，“意见气候感知”会影响意见表达。⑥ 而格林（Glynn）等人则认为“意见气候感知”对意见表达

---

① 吴惠凡．媒介融合背景下意见表达方式的变化与反思［J］．国际新闻界，2013（11）：6-18.

② 余越．自媒体环境下青年意见表达的形态、特征及引导策略［J］．思想政治教育，2016（1）：85-89.

③ 吴惠凡．媒介融合背景下意见表达方式的变化与反思［J］．国际新闻界，2013（11）：6-18.

④ 马燕．社交媒体语境下“沉默的螺旋”理论之调适［J］．青年记者，2016（6）：20-21.

⑤ 林成龙．打破沉默的螺旋——社交媒体用户的意见表达研究［J］．中国网络传播研究，2014. 08.

⑥ SHERICE GEARHART, WEIWU ZHANG. “Was It Something I Said?” “No, It Was Something You Posted!” A Study of the Spiral of Silence Theory in Social Media Contexts［J］. Cyberpsychology, Behavior, and Social Networking, 2015（18）：208-213.

影响微弱。① 此外，也有相当一部分研究证明政治效能感、社会归属感、留面子倾向、表达风险感等心理因素会影响人们的意见表达。基于此，本研究以微博用户为调查对象，提出以下研究问题：

Q1：微博用户的意见表达主要呈现怎样的特征？

Q2：微博用户的意见表达具有哪些影响因素？

（二）议题属性与意见表达

“议题属性”目前在学界缺乏准确的概念定义，一般而言，主要指的是议题知识、议题兴趣等相关概念的集合，可细分为议题相关度、议题知识、议题兴趣度、议题关注度和一致性。网络上的意见表达都是基于特定的议题进行发酵，因此不能忽视议题属性对意见表达的影响。有研究发现，议题兴趣、议题知识、议题相关性对网民意见存在着影响。虞鑫和王义鹏指出，议题相关度和议题了解程度对不同环境下的意见表达影响有限，而议题兴趣则对不同议题的意见表达产生显著的正向影响。② 但也有研究发现，议题兴趣对表达意愿产生显著影响，但对其表达行为的影响有限。③ 此外，也有研究表明，议题属性对网民意见表达存在显著影响，其中议题相关性和议题知识对网民意见表达意愿的影响最为显著。④ 不同的议题类型以及议题的报道角度也会对意见表达产生影响。罗伯茨（Roberts）等人曾针对不同媒体报道与网络舆情出现的时间进行了研究，发现有关移民问题的新闻报道对网民意见表达的影响最大。⑤ 喻国明在《网络舆情热点事件的特征及统计分析》一文中指出，负面信息更能引起网民的关注。⑥

综上，目前尚无相关的实证研究引入议题报道的不同角度——正面报道和负面报道，探究其对公众意见表达的影响。但现实中发生的网络舆论

---

① GLYNN, HAYES, SHANAHAN. Perceived Support for One's Opinion and Willingness to Speak Out: A Meta-analysis of Survey Studies on the Spiral of Silence ［J］. The Public Opinion Quarterly, 1997 (61): 452-463.

② 虞鑫，王义鹏．社交网络环境下的大学生公开意见表达影响因素研究［J］．中国青年研究，2014（10）：97-104.

③ 陈旭辉，柯惠新．网民意见表达影响因素研究——基于议题属性和网民社会心理的双重视角［J］．现代传播，2013（3）：117-122.

④ 陈旭辉，柯惠新．网民意见表达影响因素研究——基于议题属性和网民社会心理的双重视角［J］．现代传播，2013（3）：117-122.

⑤ ROBERTS. M., WANTA. W& DZWO. T. -H. Agenda Setting and Issue Salience Online ［J］. Communication Research, 2002, 29 (4): 452-465.

⑥ 喻国明．网络舆情热点事件的特征及统计分析［J］．人民论坛，2010（4）：24-26.

事件表明，负面和敏感性话题容易成为网民评论的对象。① 公众在不同角度的议题下所存在的议题兴趣、议题相关性、议题了解程度等均可能有所差异，这种差异可能会影响公众的网络意见表达。为了探究这一差异，本章以时政新闻为研究议题，从以下角度进行分析。

1. 议题报道角度

议题报道角度分为正面报道与负面报道。正面报道是指报道聚焦于社会积极或光明的一面，以提倡和鼓励为基调，强调"平衡""和睦"和"稳定"的报道。② 负面报道的概念最早由19世纪《纽约太阳报》的编辑约翰·伯卡特（John Burkat）提出，他认为负面报道强调报道主题中"不寻常"和"冲突"。因为负面报道能够吸引眼球而极具市场价值，所以这类新闻题材是西方记者格外重视的。而国内新闻界一般将负面报道定义为消极的或不好的、有害的新闻信息。心理学研究表明，人们具有关心外部安全的天然禀赋，会格外地关注那些影响安全的负面信息。因此，负面信息更能引发网友的关注与兴趣，基于关注与兴趣的媒介接触更容易激发受众的意见表达欲望。鉴于此，本研究提出以下假设：

H1a：与正面议题相比，微博用户对负面议题的意见表达意愿更强烈。

H1b：与正面议题相比，微博用户对负面议题的意见表达行为更频繁。

2. 议题兴趣

在心理学中，兴趣一般被视为社会动机的一种，被定义为个体力求认识某种事物或从事某项活动的心理倾向或是在实践中发生、发展起来的主观意识活动。③ 换言之，兴趣是推动人们寻求知识、从事某种活动和追求真理的积极的精神力量。当公众对某一议题产生兴趣，就会努力去获取该议题相关的信息，并进行意见表达。因此，本研究提出以下假设：

H2a：议题兴趣正向影响微博用户的意见表达意愿。

H2b：议题兴趣正向影响微博用户的意见表达行为。

H2c：与对正面议题的兴趣相比，微博用户对负面议题的兴趣更为强烈。

---

① 田卉，柯惠新．网络环境下的舆论形成模式及调控分析［J］．现代传播，2010（1）．

② 中国新闻界对正面报道的辨析定位大致有两种方法，一是以报道题材来衡量区分，一是从社会效果来衡量区分。参见刘保全"关于正面宣传为主方针的讨论综述"（中国新闻年鉴［M］．北京：中国社会科学出版社，1992：157-159）。同时，中国新闻实用大辞典对此的定义为：指"主旋律"的报道，也即对新闻事实作积极的、肯定的、赞扬的、倡导的报道与评介。

③ 林崇德，杨治良，黄希庭．心理学大辞典［M］．上海：上海教育出版社，2003：1454.

3. 议题相关度

议题相关度指的是该议题与受众切身利益的相关程度。以往研究表明，议题与个人的相关性越高，受众的意见表达意愿越强烈，表达次数越多。① 因此，本研究提出以下假设：

H3a：议题相关度会正向影响微博用户的意见表达意愿。

H3b：议题相关度会正向影响微博用户的意见表达行为。

H3c：与正面议题相比，微博用户认为负面议题与其相关性更强。

4. 议题知识

议题知识指受众对该议题信息的了解程度，包含受众所接触的信息丰富度和平时的知识积累。有研究表明，网民倾向对自己比较熟悉的议题发表意见。② 由此，本研究假设：

H4a：议题知识会正向影响微博用户的意见表达意愿。

H4b：议题知识会正向影响微博用户的意见表达行为。

H4c：与正面议题相比，微博用户更为了解负面议题的信息。

综上所述，提出以下研究模型，如图 5-1 所示：

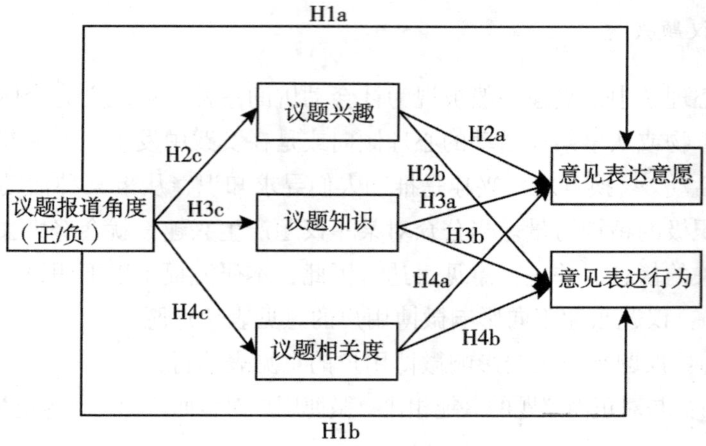

图 5-1 研究模型

① 陈旭辉，柯惠新．网民意见表达影响因素研究——基于议题属性和网民社会心理的双重视角［J］. 现代传播，2013（3）：117-122.

② 陈旭辉，柯惠新．网民意见表达影响因素研究——基于议题属性和网民社会心理的双重视角［J］. 现代传播，2013（3）：117-122.

二、研究方法

（一）问卷调查法

本研究采用问卷调查法进行测量，采用线上线下同时发放问卷的方式。线上发放问卷主要通过滚雪球的方式进行抽样，线下则随机抽取武汉3所高校进行实地发放问卷。问卷发放时间为2016年12月1日至2017年1月30日、2020年1月20日至2020年2月1日。回收问卷共计328份，通过剔除重复IP、极端数值、非微博用户的无效问卷，最终保留有效问卷303份，问卷回收率为92.38%。

（二）变量测量

1. 意见表达

本研究参阅了陈旭辉、柯惠新①、林成龙②等人的量表，将意见表达划分为“意见表达意愿”和“意见表达行为”两个维度。前者表示意见表达的潜在心理程度，后者是意见表达的外显，是将自己的思想、想法、观点等通过一定的介质表露在外的行为。本研究对意见表达行为进行了层次划分，由浅到深大致为沉默—点赞—转发相同观点—评论—发布观点。

此外，为了便于探究不同议题报道角度下微博用户意见表达意愿与行为的差异，本章设置了正面议题和负面议题两种情境，分别测量微博用户的表达意愿与表达行为。测量意见表达意愿的题目分别是：“当你看到赞颂官员清正廉洁等正面时政报道的新闻时，你会想在微博上发表意见吗？”“当你看到涉及官员腐败等负面时政新闻时，您会想在微博上发表意见吗？”选项采用五级量表测量，从“非常不想”到“非常想”依次赋分1到5分。分值越高，表示被测者的意见表达意愿越强烈。如表5-1所示，本部分Cronbach's α为0.821，KMO值为0.721，均大于0.6，说明

---

① 陈旭辉，柯惠新．网民意见表达影响因素研究——基于议题属性和网民社会心理的双重视角［J］．现代传播，2013（3）：117-122.

② 林成龙．打破沉默的螺旋——社交媒体用户的意见表达研究［J］．中国网络传播研究，2014（8）：34-58.

“意见表达意愿”量表的信效度较好。

测量意见表达行为的题目分别是：“当你看到赞颂官员清正廉洁等正面时政报道的新闻时，你会在微博上做出以下表达行为（沉默、点赞、转发观点、评论、发布观点）的次数”“当你看到涉及官员腐败等负面时政新闻时，你会在微博上做出以下表达行为（沉默、点赞、转发观点、评论、发布观点）的次数”，选项采用五级量表测量，从“非常少”到“非常多”依次赋分1到5分，其中沉默反向计分。分值越高，表明被测者的表达行为越活跃。如表5-1所示，本部分的 Cronbach's α 为0.886，KMO值为0.854，均大于0.6，说明“意见表达意愿”量表的信效度较好。

2. 议题兴趣

参照陈旭辉等人的设计，议题兴趣主要由2个题项组成，分别是“您对赞颂官员清正廉洁等时政新闻的正面报道感兴趣的程度”“您对涉及官员腐败等时政新闻的负面报道感兴趣的程度”。[①] 选项采用五级量表测量，从“非常不感兴趣”到“非常感兴趣”依次赋分1到5分。分值越高，表示被测者的议题兴趣越高。如表5-1所示，议题兴趣量表 Cronbach's α 值为0.787，KMO值为0.728，均大于0.7，说明该量表信效度良好。

3. 议题相关度

参照陈旭辉等人的设计，议题相关度则由“您认为赞颂官员清正廉洁等时政新闻的正面报道与您个人的生活和个人利益的相关程度”“您认为涉及官员腐败等时政新闻的负面报道与您个人的生活和个人利益的相关程度”2个题项组成。[②] 选项采用五级量表测量，从“非常不感兴趣”到“非常感兴趣”依次赋分1到5分。分值越高，表示被测者的议题兴趣越高。如表5-1所示，该量表 Cronbach's α 为0.743，KMO值为0.636，均大于0.6，说明该量表信效度良好。

---

① 陈旭辉，柯惠新．网民意见表达影响因素研究——基于议题属性和网民社会心理的双重视角［J］．现代传播，2013（3）：117-122.

② 陈旭辉，柯惠新．网民意见表达影响因素研究——基于议题属性和网民社会心理的双重视角［J］．现代传播，2013（3）：117-122.

4. 议题知识

参照陈旭辉等人的设计，议题知识主要由“您认为您对赞颂官员清正廉洁等时政新闻的正面报道的了解程度”“您认为您对涉及官员腐败等时政新闻的负面报道的了解程度”2个题项组成。① 选项采用五级量表测量，从“非常不感兴趣”到“非常感兴趣”依次赋分1到5分。分值越高，表示被测者的议题兴趣越高。如表5-1所示，本部分Cronbach's α值为0.695，KMO值为0.623，均大于0.6，说明该量表信效度良好。

5. 人口统计学变量

有研究发现，性别、教育水平、职业等人口统计学变量会对意见表达产生影响，② 因此本研究设计了包含性别、年龄、教育水平、职业、个人月收入、政治面貌、省份等7个人口统计学变量的题项，并将其列为控制变量进行测量。

表5-1　变量信效度、均值、方差

	KMO	Cronbach's α	均值	方差
意见表达意愿	0.721	0.821	2.538	0.982
意见表达行为	0.854	0.886	2.336	1.104
议题兴趣	0.728	0.787	2.769	0，929
议题相关度	0.636	0.743	2.873	0.875
议题知识	0.623	0.695	2.856	0.612

三、研究发现

（一）样本基本情况

本次有效参与问卷调查的人数共计303位，其中男性112位，占比37%；女性191位，占比63%。年龄段主要集中在19—26岁（N=246），

① 陈旭辉，柯惠新．网民意见表达影响因素研究——基于议题属性和网民社会心理的双重视角［J］．现代传播，2013（3）：117-122.

② 晏齐宏．新生代农民工意见表达意愿研究——以北京市的实证分析为例［J］．新闻与写作，2016（3）：45-50.

占比 83.8%，18 岁以下（N=8）、27—36 岁（N=26）、37—46 岁（N=12）也各有分布。在职业方面，受访者主要以学生为主（N=246），占比 70.6%；企业单位工作人员（N=50，占比 16.5%）和事业单位工作人员（N=31，占比 10.2%）也有所覆盖。此外，受访者的教育水平主要为大学本科（N = 155，占比 51.2%）和硕士以上水平（N = 113，占比 37.3%），在政治面貌上以共青团员（N=155，占比 51.2%）和共产党员（N=101，占比 33.3%）为主。在个人收入方面，45.5%的受访者均为无收入人群（N=138），20.8%的受访者个人月收入在 1500 元以下（N=63），10.9%的受访者个人月收入在 1501～3000 元（N=33），11.6%的受访者个人月收入在 5001～10000 元（N=35）。

此外，受访者所在地区涉及 17 个省、直辖市和地区，其中近一半集中在湖北省（N=138，占比 45.5%），福建省（N=35，占比 11.6%）、湖南省（N=45，占比 14.9%）、北京市（N=11，占比 3.6%）、广东省（N=10，占比 3.3%）、江苏省（N=13，占比 4.3%），上海市（N=6，占比 2.0%）、香港（N=1，占比 0.3%）等省、市、地区也略有涉及。总体而言，样本比例虽不算均衡，但覆盖较为全面，有一定代表性，具体如表 5-2 所示。

表 5-2　　**样本的描述性统计分析**

分　类		百分比（%）
性别	男性	37
	女性	63
年龄	18 岁以下	2.6
	19—26 岁	81.2
	27—36 岁	8.6
	37—46 岁	3.6
	47—60 岁	4.0
职业	学生	70.6
	事业单位职员	10.2
	企业单位职员	16.5
	个体经营者	0.3
	自由职业	2.0
	自填	0.3

续表

分　类		百分比（%）
个人月收入（元）	1500 元以下	20. 8
	1501～3000 元	10. 9
	3001～5000 元	9. 9
	5001～10000 元	11. 6
	10000～20000 元	1. 3
	无收入	45. 5
政治面貌	共产党员（含预备党员）	33. 3
	共青团员	51. 2
	民主党派人士	0. 3
	普通群众	15. 2
学历	小学/初中	0. 3
	高中/中专	4. 6
	大专	6. 6
	本科	51. 5
	硕士及以上	37. 3

注：百分比的计算方法，取四舍五入。

（二）微博用户意见表达特征

如表 5-3 所示，微博用户的表达意愿均值接近 2. 5，说明微博用户具有一定意见表达意愿，但并不强烈。在意见表达行为当中，沉默频次的均值大于 3. 5，转发、发布、评论、点赞等行为的频次均小于 3，说明微博用户的意见表达行为并不积极。在社交媒体使用过程中，用户点赞、转发、评论、发布的频次均值依次减少，如表 5-3 所示。总体而言，微博用户的意见表达呈现出低表达意愿、低层次表达的特点，回应了 Q1。

表 5-3　**意见表达意愿和行为描述统计量**

N = 303	极小值	极大值	均值	标准差
发布频次	1. 00	4. 00	2. 0512	0. 84759
转发频次	1. 00	4. 00	2. 1436	0. 85739

续表

N = 303	极小值	极大值	均值	标准差
评论频次	1.00	4.00	2.0083	0.77892
点赞频次	1.00	5.00	2.2888	0.96457
沉默频次均值	1.00	5.00	3.5472	0.84149
表达意愿均值	1.00	5.00	2.4010	0.85454

（三）正负面议题的意见表达比较分析

本研究采用配对样本 t 检验来验证议题报道角度对意见表达的影响，结果见表 5-4。如表所示，正面议题与负面议题在表达意愿上无显著差异。但在发布、转发这些较深层次的表达行为上，负面议题与正面议题存在显著差异，负面议题中发布、转发、评论的均值均高于正面议题，说明负面议题更容易引发微博用户的深层次表达。而在点赞、沉默这两个浅层次的表达行为上，负面议题与正面议题无显著差异。

表 5-4 议题报道角度与意见表达的相关性

变量	均值	均值差	标准差	Sig.（双侧）
正面议题表达意愿	2.448845	-0.095710	0.931822	0.074794
负面议题表达意愿	2.353135			
正面议题表达行为	2.150993	-0.091973	0.768873	0.071112
负面议题表达行为	2.231683			
正面议题发布	1.976898	-0.148515	0.921266	0.005340
负面议题发布	2.125413			
正面议题转发	2.066007	-0.155116	1.124250	0.016924
负面议题转发	2.221122			
正面议题评论	1.914191	-0.188119	1.026595	0.001574
负面议题评论	2.102310			
正面议题点赞	2.356436	0.135314	1.385177	0.090081
负面议题点赞	2.221122			
正面议题沉默	2.453642	-0.036424	1.268844	0.618240
负面议题沉默	2.488449			

如表 5-4 所示，可以发现在负面议题中，微博用户的意见发布、转发、评论行为更为活跃。但无论在正面议题还是负面议题中，微博用户的意见表达意愿都较低。因此，议题报道角度会对用户的意见表达行为产生影响，其中负面议题更能刺激意见表达行为的产生，但报道角度并不会对意见表达意愿产生影响。故 H1a 不成立，H1b 成立。

（四）正负面议题的议题兴趣、议题相关度、议题知识比较分析

表 5-5 展示了不同的议题报道角度中议题兴趣、议题相关度、议题知识的差异。研究发现，微博用户的正面议题兴趣与负面议题兴趣存在显著差异（$p=0.000<0.001$），正面议题兴趣的均值小于负面议题兴趣，说明微博用户对负面议题的兴趣较大，H2c 得到验证。

表 5-5　议题报道角度与议题兴趣、议题相关性、议题知识的相关性

变　　量	均值差	标准差	Sig.（双侧）
正面议题兴趣—负面议题兴趣	-0.223776	0.762448	0.000001
正面议题相关度—负面议题相关度	-0.250825	0.814678	0.000000
正面议题知识—负面议题知识	-0.268977	0.693700	0.000000

正面议题与自己的相关度和负面议题与自己的相关度也存在显著差异（$p=0.000<0.001$），正面议题相关度均值小于负面议题相关度均值，说明微博用户普遍认为负面议题信息与自己的切身利益更为相关，H3c 得到验证。

正面议题知识与负面议题知识同样存在显著差异（$p=0.000<0.001$），正面议题知识均值小于负面议题知识，说明微博用户对负面议题的信息了解程度较高，H3c 得到验证。

（五）变量相关性分析

本研究采用相关性分析中的双侧检验，研究了不同议题报道角度下议题兴趣、议题相关度、议题知识与意见表达的相关性，结果见表 5-5。

在负面新闻议题中，如表 5-6 所示，议题兴趣与意见表达意愿呈正相关（$t=0.175$，$p<0.01$），议题相关度与意见表达意愿呈正相关（$t=0.142$，$p<0.05$），议题知识与意见表达意愿相关不显著（$t=0.068$，$p>0.05$）。用户的意见表达意愿与意见表达行为呈正相关（$t=0.464$，$P<0.01$），

表 5-6 不同议题角度下议题兴趣、议题相关性、议题知识与意见表达的相关性

变量	负面新闻					正面新闻				
	负面新闻表达意愿	负面新闻表达行为	负面新闻议题兴趣	负面新闻利益相关度	负面新闻议题知识	正面新闻表达意愿	正面新闻表达行为	正面新闻议题兴趣	正面新闻利益相关度	正面新闻议题知识
负面新闻表达意愿	1	0.464**	0.175**	0.142*	0.068	—	—	—	—	—
正面新闻表达意愿	—	—	—	—	—	1	0.536**	0.367**	0.187**	0.078
正面新闻表达行为	—	—	—	—	—	0.536**	1	0.340**	0.235**	0.061
负面新闻表达行为	0.464**	1	0.378**	0.223**	-0.022	—	—	—	—	—
负面新闻议题兴趣	0.175**	0.378**	1	0.396**	0.031	—	—	—	—	—
正面新闻议题兴趣	—	—	—	—	—	0.367**	0.340**	1	0.498**	0.070
正面新闻利益相关度	—	—	—	—	—	0.187**	0.235**	0.498**	1	0.081
负面新闻利益相关度	0.142*	0.223**	0.396**	1	0.110	—	—	—	—	—
正面新闻议题知识	—	—	—	—	—	0.078	0.061	0.070	0.081	1
负面新闻议题知识	0.068	-0.022	0.031	0.110	1	—	—	—	—	—

注：* 代表 $p<0.05$，** 代表 $p<0.01$，*** 代表 $p<0.001$。

议题兴趣与用户的意见表达行为呈正相关（t=0.378，p<0.01），议题相关度与意见表达呈正相关（t=0.223，p<0.01），议题知识与意见表达相关性不显著（t=-0.022，p>0.05）。

在正面新闻议题中，如表5-6所示，新闻意见表达意愿与意见表达行为呈正相关（t=0.536，p<0.01），议题兴趣与意见表达意愿呈正相关（t=0.367，p<0.01），议题相关度与意见表达意愿呈正相关（t=0.187，p<0.01），议题知识与意见表达意愿相关性不显著（t=0.078，p>0.05）。议题兴趣与意见表达呈正相关（t=0.340，p<0.01），议题相关度与意见表达呈正相关（t=0.235，p<0.01），议题知识与意见表达相关性不显著（t=0.061，p>0.05）。

但如若不区分议题，如表5-7所示，议题知识与意见表达意愿呈正相关（t=0.122，p<0.05），与意见表达行为呈正相关（t=0.258，p<0.01）。

表5-7　**议题兴趣、议题相关性、议题知识与意见表达的相关性**

变量	表达意愿	议题兴趣	议题相关度	议题知识	自我表达行为
表达意愿	1	0.289**	0.115*	0.122*	0.546**
议题兴趣	0.289**	1	0.492**	0.379**	0.448**
议题相关度	0.115*	0.492**	1	0.321**	0.247**
议题知识	0.122*	0.379**	0.321**	1	0.258**
自我表达行为	0.546**	0.448**	0.247**	0.258**	1

注：*代表在0.01级别（双尾），相关性显著。**代表在0.05级别（双尾），相关性显著。

（六）路径分析

为了进一步了解议题兴趣、议题相关度、议题知识对意见表达意愿的影响，本研究以年龄、性别、受教育程度等人口学变量为控制变量，以议题兴趣、议题相关度、议题知识为自变量，以意见表达意愿为因变量构建了回归模型，运用强迫进入法对上述变量进行多元回归分析。回归结果表明，性别、年龄、受教育水平等人口学变量对意见表达意愿、意见表达行为均无显著相关关系。

如表5-8所示，通过控制变量发现，正面议题中议题兴趣对意见表达意愿（p=0.000<0.001）与意见表达行为（p=0.000<0.001）均存在正向影响关系，说明在正面议题中，议题兴趣越高，表达意愿越高，表达行为频次越高。在负面议题中，议题兴趣对意见表达意愿（p=0.002<0.01）与意见表达行为（p=0.000<0.001）也存在显著影响，这说明在负面议题中，用户对议题的兴趣越高，其表达意愿越强烈，表达行为越活跃。因此，H2a 与 H2b 成立。

表 5-8　　不同议题报道角度下议题兴趣、议题相关度、议题知识对意见表达的路径分析

		因变量：意见表达意愿		因变量：意见表达行为	
		正面议题	负面议题	正面议题	负面议题
控制变量	性别	-0.160	-0.117	-0.118	-0.222***
	年龄	0.116	-0.086	0.001	-0.033
	受教育水平	-0.083	-0.046	-0.006	-0.050
	职业	-0.003	0.076	-7.897E-5	0.050
	个人月收入	-0.070	-0.090	-0.016	-0.053
	政治面貌	-0.012	0.159	0.023	0.074
自变量	议题兴趣	0.356***	0.185**	0.312***	0.326***
	议题相关性	0.204**	0.133*	0.211***	0.254***
	议题知识	0.221**	0.035	0.245***	0.167**

注：* 代表 p<0.05，** 代表 p<0.01，*** 代表 p<0.001。

如表 5-8 所示，通过控制变量发现，正面议题中议题兴趣对意见表达意愿（β=0.356，p<0.001）与意见表达行为（β=0.312，p<0.001）均存在正向影响关系，说明在正面议题中，议题兴趣越高，表达意愿越高，表达行为频次越高。在负面议题中议题兴趣对意见表达意愿（β=0.185，p<0.05）与意见表达行为（β=0.326，p<0.001）也存在显著影响，这说明在负面议题中，用户对议题的兴趣越高，其表达意愿越强烈，表达行为越活跃。因此，H2a 与 H2b 成立。

同时，正面议题中议题相关性对意见表达意愿（β=0.204，p<0.01）与意见表达行为（β=0.211，p<0.001）存在显著影响，这说明在正面议题中，议题与用户的相关性越强，用户的意见表达意愿越强，意见表达行为越活跃。在负面议题中议题相关性对意见表达意愿（β=0.133，p<

0.05）和意见表达行为（β=0.254，p<0.001）存在显著影响，这说明在负面议题中，议题与用户的相关性越强，其表达意愿越强烈，表达行为越活跃议题相关性对意见表达意愿和意见表达行为的影响存在差异。因此，H3a 与 H3b 成立。

此外，在正面议题中议题知识对意见表达意愿（β=0.221，p<0.01）与意见表达行为（β=0.245，p<0.001）也存在显著影响，这说明在正面议题中，用户对议题的了解程度越高，用户的意见表达意愿越强，意见表达行为越活跃。在负面议题中议题知识对意见表达意愿（β=0.035，p>0.05）无相关关系，但与意见表达行为（β=0.167，p<0.01）存在显著影响。这说明在负面议题中，用户对议题的了解程度越高，其表达行为越活跃，但用户对议题的了解程度并不会影响其表达意愿。因此，H4a 部分成立，H4b 成立。

四、结论与讨论

（一）研究结论

本研究采用问卷调查法，考察了微博用户意见表达的基本状况及其影响因素。研究发现有如下几点。

（1）当前微博用户的意见表达行为总体呈现低表达意愿、低表达频次的特征。这一结果与中国互联网络信息中心发表的《中国互联网新闻市场研究报告》的研究结果一致，网民普遍关注新闻评论，但参与程度仍较低。[①] 在本研究中，这一结果与本章所选取的时政议题其本身属性相关。时政新闻指的是国家政治生活中新近或正在发生的事实的报道，主要报道范围为政党、社会集团、社会组织在处理国家生活和国际关系方面的方针、政策和活动。[②] 相较于网民重点关注的社会民生新闻、娱乐新闻，时政新闻题材更为严肃，着重思想性、指导性和知识性，话题爆点不足，且通常采取硬新闻的制作方式，缺乏趣味性，难以吸引微博用户的兴趣。中国互联网络信息中心的数据也佐证了这一点，社会民生领域新闻为互联

① 中国互联网络信息中心．2016 年中国互联网新闻市场研究报告［R］．北京：中国互联网络信息中心，2017.

② 李良荣．新闻学概论［M］．上海：复旦大学出版社，2011.

网舆论热点，网民对其的评论占比高达60.2%，转发比例为59.6%。[①] 再加上微博用户知识水平参差不齐，对娱乐话题、社会民生话题的了解远大于时政信息，由于对于时政类知识的了解有限，所以在表达上更显得"无话可说"，因此微博用户在表达行为上常采取沉默围观的形式，较少直接发布意见。

（2）议题兴趣对意见表达意愿、意见表达行为均会造成显著影响，虞鑫[②]、陈旭辉等人[③]的研究也印证了这一点。在心理学层面，兴趣是探究某种事物或从事某种活动的意识倾向，会促使个体形成一定的行为驱动力。[④] 赫尔巴特（Herbart）指出，兴趣导致有意义学习，为进一步的学习提供动机。[⑤] 因此，当微博用户对某一议题产生兴趣，便会促使其对议题产生探究欲望，主动学习与该议题有关的信息，最终触发其表达欲望与表达行为。换言之，议题兴趣是用户产生表达意愿、实施表达行为的基础。

（3）议题相关度与意见表达意愿、意见表达行为存在显著相关关系。新闻价值理论认为，新闻报道能否被受众注意和重视，新闻事实与受众是否接近是一个关键因素。[⑥] 换言之，当议题信息与用户切身利益、情感、心理越相关，越容易引发用户对该议题的关注，而对议题的关注可以触发一定的意见表达欲望与行为。近两年，引发网络热议的新闻也大多是与民众生活、利益相关的议题，如医患关系、腐败问题等。正如刘力锐所言，民心线紧紧围绕着利益线波动，只有那些与人民利益密切相关的公共话题，才会形成网络民意的高涨点和重叠点。[⑦] 因此在网络时代，媒体在报道新闻、设置议程时，也应重点关注新闻的接近性，而非一味追求新闻的时效性与显著性。

（4）议题知识与意见表达意愿、意见表达行为存在显著相关关系，这表明微博用户对某一议题的了解程度越深，越能激发他的表达欲望与表达行为。当前微博中对某一方面有深入了解或者知识面广、阅历丰富的领

---

① 中国互联网络信息中心.2016年中国互联网新闻市场研究报告［R］. 北京：中国互联网络信息中心，2017.

② 虞鑫，王义鹏.社交网络环境下的大学生公开意见表达影响因素研究［J］. 中国青年研究，2014（10）：97-104.

③ 陈旭辉，柯惠新.网民意见表达影响因素研究——基于议题属性和网民社会心理的双重视角［J］. 现代传播，2013（3）：117-122.

④ 林崇德，杨治良，黄希庭.心理学大辞典［M］. 上海：上海教育出版社，2003：1454.

⑤ 赫尔巴特.教育学讲授纲要［A］. 李其龙，译.参见赵荣昌，张济正.外国教育论著选［M］. 南京：江苏教育出版社，1990.

⑥ 张罗应.接近接近再接近——从新闻本地化谈新闻的接近性［J］. 东南传播，2007（9）.

⑦ 刘力锐.论我国网络民意的特征与政府回应［J］. 求实，2009（6）：66-69.

袖群体多为活跃用户。议题知识之所以能对意见表达意愿、行为发生作用，其原因在于对于某一议题的深入了解有助于用户对相关事物和现象作出合理判断和解释，进而发表具有指导性意义的优质意见。相对于纯粹的抒发情感，发表理性的观点更容易获得他人信任与互动，从而可提升自身的影响力，符合微博用户在网络环境中实现自我、构建自身形象的社交心理。

（5）本章的贡献在于提出了议题报道角度这一变量，并探究议题报道角度对意见表达意愿、意见表达行为的影响，以及对议题兴趣、议题相关度、议题知识的影响。研究发现，在不同的议题情境下，议题兴趣、议题相关度、议题知识存在差异，负面议题更易引发微博用户的兴趣，加深用户对议题的了解，用户的感知收益也更高。同时，议题报道角度对意见表达意愿并无影响，但对意见表达行为存在影响，负面议题更易引发微博用户的意见表达行为，促使其采取深层次的表达策略。事实上，这一结果正显示出网络环境中受众对新闻信息的负面偏好倾向。关于受众偏好负面信息的原因，有研究者将其归结为人类历史生存与进化的本能，① 关注负面信息就是关注生存危机，这有利于人类的生存与繁衍。也有研究者指出，受众的猎奇心理、体验心理、宣泄心理、恐惧心理是其产生负面信息偏好的原因。② 微博用户对负面信息的关注，并围绕负面信息进行表达，主要基于以下原因：其一，负面新闻中多含暴力、犯罪、色情、天灾、人祸等消极信息，容易引发人们的猎奇心。其二，人们在关注新闻时常以体验的心态去看，而负面新闻更容易引发受众的同理心，从而激发出将自己情感进行表达的欲望。其三，受众会侧重于关心负面新闻和表达负面情绪，宏观来说是因为对整个社会缺乏安全感，产生恐惧心理。其四，受众对新闻信息的负面偏好源自一种宣泄心理，负面新闻的产生为受众提供了宣泄压力与不良情绪的端口。可以看出，关注负面报道议题并进行表达，是公众的正常社会心理。

（二）对策探讨

现代民主社会要求公民具有社会参与意识和社会参与行为、关注公共事务、积极参与公共话题交流、尊重公共规则和他人的表达权、能够理性

① 谢艳军．新媒体受众负面新闻偏好及其影响研究——基于手机新浪网 54 天 594 条新闻的内容分析［J］．新闻与传播研究，2016（10）：23-26.

② 李书甜．新媒介环境下受众对新闻信息的负面偏好解读［J］．新闻研究导刊，2016（10）：15-16.

表达与讨论。[①] 然而，当前微博用户的意见表达呈现不活跃之态势，无助于民主社会的建立。因此提高社交媒体用户的网络表达热情很有必要。基于上述结论，本章认为可以从以下四个方面提高社交媒体用户的网络意见表达活跃度。

其一，借助智能媒体，以用户的议题兴趣为基准进行新闻推送。大数据时代，“算法分发”已经成为主流的互联网新闻分发方式，其运作机制是绑定用户的微博账号，后通过用户在微博上发布的内容及其所属类别、用户自标签、社交关系、社交行为、参与的群组、使用时间等数据源来推断出用户的兴趣点，再建立用户的“兴趣图谱”，根据用户的初始兴趣模型来推荐内容。根据用户的浏览行为、浏览习惯、常转发评论的议题类型推导用户的议题喜好并形成“兴趣图谱”，精准推送易引发用户兴趣的新闻内容，有助于激发其意见表达的欲望与行为。

其二，与公众有接近性的新闻才会得到受众认可，因此新闻媒体要重视新闻的接近性原则。[②] 一般而言，新闻价值中的接近性指在地理上或心理上与接收者十分接近的信息，往往能够引起接收者的普遍关注。其中，地理接近指事实发生的地点在信息接收者的周围，心理接近则指某一事实会引起某类人的共鸣，会在相同“社会类型”的人中引起共同的兴趣。[③] 因此，新闻媒体在采写层面需要突出新闻事件与新闻受众的这种相关性。就具体操作层面而言，需要媒体抓取新闻事实与目标受众在情感上、利益上、命运上的接近点，多报道与受众生活、利益息息相关的新闻，并采用符合受众审美情趣的新闻制作方式，与受众形成心理互动。以政策类时政新闻为例，媒体应及时编发与国家政策相关的权威解读新闻，将政策与人民大众的当下利益有机联系起来，并采用便于用户理解的制作方式，如H5、动画、视频等丰富有趣的符号呈现形式，在心理层面引发用户的共鸣，这样有助于提升公众的表达欲。

其三，满足公众知情权，提升公众议题知识，从而提升公众的意见表达频次。当前微博用户的意见表达呈现不活跃之态，侧面反映用户议题知识的缺失，说明公众对很多公关事务并不了解，知情权没有得到满足。知情权是公民从事政治、经济、文化和个人生活的必要条件之一，是人民实

① 彭兰．社会化媒体时代的三种媒介素养及其关系［J］．上海师范大学学报（哲学社会科学版），2013（5）：52-60.

② 穆冰．接近 再接近——浅谈电话新闻类节目的接近性［J］．视听界，2000（1）：4-7.

③ 胡正强．正确理解新闻接近性的内涵［J］．新闻传播研究，2005（5）：9-11.

现自我管理、政治参与的前提，也是公民表达权的前提条件。[①] 在现代社会，公民对社会公共事务的了解，很大程度上是通过新闻媒介的新闻报道而实现的。[②] 因此，公众知情权的维护有赖于政府与媒体的共同努力。首先政府需要保证信息公开，不应以“维护社会稳定”为借口控制信息的传播，让公众在合法合理的前提下自由地获取关于公共事务的信息；其次，新闻媒体作为社会的瞭望者与监督者，有责任及时传播真实的信息，及时准确地让公众知晓周围世界的变化，特别是人民群众普遍关心的事情，媒体应作全面真实的报道。正如研究者赵振宇所言：“公民只有广泛地获取他想知道的一切信息，参与管理国家的重大事务，人民的积极性和创造性才能充分地发挥出来。”[③] 因此，为了鼓励公众在社交媒体上表达意见，政府与媒体需要共同改革，为公众提供一个宽松、自由的信息获取环境与言论表达环境。同时，议题知识在一定程度上也是受众文化素养的一种体现。要想提高公众的文化素养，除了政府在教育、文化产业等方面的大力投入外，更为关键的是需要公众自己多阅读书籍、了解政治、经济、文化等多方面的知识，成为具有广阔知识面和一定文化深度的人，从而拥有丰富的议题知识，有助于进行理性的意见表达。

其四，受众对信息的负面偏好是其必然本能，偏好负面信息这一特点对于社会也具有舆论监督、促使新闻事件快速解决的正面作用，因此政府和相关舆论引导者须正视这一偏好，保证正面信息与负面信息在新闻市场上的自由流通，给受众自由选择和辨别信息的机会。如若强行抑制负面信息的发展，在负面新闻刚刚发酵之时便进行信息封锁，甚至删除负面评论，容易激起受众的逆反心理，从而导致受众对政府与媒体信任的降低。对负面新闻，媒体应当快速、准确、真实地进行传播，而非瞒报、不报。

总的说来，公民的网络意见表达是公民的表达自由权在网络环境的延伸。于个人而言，网络意见表达可以帮助个体在互联网上的各种社区建立起与现实生活中的自己相同或相异的身份，并通过抒发优质意见获得他人与社会的认同，从而在网络环境中实现自我价值。同时，互联网具有使公众讨论更丰富和更充满细微差别的潜能。[④] 网络环境中，当参与公众讨论

---

① 赵振宇．保障公民知情权和表达权中政府及媒体的责任［J］．新闻记者，2009（4）：9-13.

② 赵振宇．保障公民知情权和表达权中政府及媒体的责任［J］．新闻记者，2009（4）：9-13.

③ 赵振宇．保障公民知情权和表达权中政府及媒体的责任［J］．新闻记者，2009（4）：9-13.

④ 王四新．表达自由与自我实现——以网络表达为例［J］．现代传播，2010（10）：25-28.

的发言者越多，与公共事件、公关事务相关的观点也会越多、越全面，这有利于人们获取更全面、丰富的信息和观点，从而摆脱某一观点的操控，有助于公众形成自己的独立判断。于社会而言，网络意见表达是公民实现表达自由权的重要方式，是公民进行政治参与的有效手段。首先，网络的虚拟性和交互性使得网络民意成为现实的“镜像”，网络为人们提供了自由表达观点与政治诉求的渠道。[①] 其次，网络的及时性与信息的大容量使得公众的知情权得到保障，也提高了公众参政议政的积极性。最后，网络的交互性与及时性使得强大的舆论力量能进入公共领域，并发挥强大的网络监督效力。[②] 总之，作为网络政治参与的形式之一，网络意见表达有助于拓展政治参与的广度和深度，推动公共政策的科学化、民主化，同时其所形成的网络监督模式也可强化公共监督的效力，对推动民主化进程有着重要作用。因此国家应鼓励公众在网络上积极发表意见，并采取措施提高公众的表达热情。

① 丁建军．网络民意对中国民主政治的影响［J］．广西社会科学，2004（11）．

② 侯健．表达自由的法理［M］．上海：上海三联书店，2008：159．

第六章　知乎社区公众的意见表达研究：基于匿名功能的视角

一、引　　言

2010 年 12 月，模仿美国问答社交媒体网站 Quora 而成立的知乎社区正式开放注册功能，当时采用邀请制的注册方式。2013 年 3 月，知乎正式向公众开放注册。知乎社区这一社会化媒体为用户提供了一个更为自由开放的、双向互动的对话交流平台。知乎社区被看作一种自上而下的草根性媒体，具有一定的舆论和行为引导作用。①

在知乎社区中答题或提问分实名和匿名两种模式。当采用匿名方式时，人们的意见表达更加自由，尤其在涉及敏感话题或者答题人不希望被打扰时，知乎社区用户大多会使用匿名功能来进行答题或提问。本研究对知乎用户使用匿名功能进行表露、表达的动机及其影响因素进行研究，对知乎社区用户匿名功能的使用现象进行解释，主要尝试回答以下问题：社交媒体平台为什么会出现匿名的新功能？用户使用并信赖匿名功能的动机是什么？匿名的广泛使用会对网络环境秩序带来什么样的影响？

二、文献综述

（一）匿名及匿名举报

根据商务印书馆出版的《现代汉语词典》，匿名意为“不具名或不写

① 王秀丽，谢新洲．从美国和伊朗总统大选看社会化媒体的发展和影响［A］．黄楚新．媒介融合背景下的新闻报道［C］．杭州：浙江大学出版社，2010：179.

真实姓名”;[①] 根据商务印书馆出版的《牛津高阶英汉双解词典》，“anonymity” 意为 “the state of remaining unknown to most other people”，即 “匿名；不知姓名；名字不公开”。[②] 在国内，匿名现象由来已久。举例来说，匿名信便是利用匿名进行意见表达的一种方式。收到匿名信的人既不清楚是何人所写，也不容易核实证据，容易造成“人人自危”的恐慌感，而匿名信往往被认为存在危害社会的风险。因此，“禁止匿名告人”是我国各朝法律的重要条款之一。“投匿名文书告人罪”可追溯到秦汉时期；隋唐时期该项罪名被入律，惩罚为“流二千里”；明清时期，对这一罪名的惩罚加重，投匿名信者会被定以死罪；到阶级社会时期，“匿名检举”多是迫于生存压力、党争及言路不畅等。[③] 由于缺乏议论和检举的有效途径及保障，人们往往选择这种“不署名”的方式进行自我保护，这种保护与现在的隐私保护或保护自我免受外界打扰存在显著差别。

我国对于匿名的研究，多集中于匿名信访、匿名举报方面，而较少基于个体心理学或社会心理学的角度进行探讨。我国当前未有关于“匿名检举”的相关立法，“匿名检举”是被允许的。当人们害怕受到打击报复、对所反映问题没有绝对把握，或者是出于自利的心理，便有可能采用匿名的方式。有研究者建议，对于匿名举报内容真实程度的调查、匿名举报性质认定应该采取较为谨慎的态度，“封闭式”地进行调查，不能兴师动众、大肆宣扬，由此才能为进一步立案调查、妥善处理提供较为坚实的基础。[④]

（二）线上社交匿名动机及其影响因素

根据皮尤研究中心（Pew Research Center）的调查显示，86%的网民会清除或掩盖他们的上网痕迹，55%的网民会回避被特定人群、组织或政府监视，有59%的网民对网络匿名持怀疑态度，51%的网民认为社交匿名对他们来说十分重要，12%的网民则认为有些重要。由于“数据焦虑”（data exhaust），或是避免被调查和打扰，一些网民会选择匿名的方式在

---

① 中国社会科学院语言研究所词典编辑室．现代汉语词典（第5版）［M］．北京：商务印书馆，2011.

② HORNBY A S．牛津高阶英汉双解词典（第6版）［M］．北京：商务印书馆，2004.

③ 刘佳．中国古代“匿名举报”之法律规制［J］．法治与社会，2008（3）：78-79.

④ 张炳安．“匿名现象”摭谈［J］．秘书，1996（1）：10-11.

社交网络上开展活动。①

用户匿名言说的原因是多方面的。其一，匿名言说有助于减少社交压力。在互联网中，部分前台匿名的用户就当下热点或某一领域话题侃侃而谈，与他人讨论或争辩，远比现实生活中表现活跃。“匿名社交”淡化自我表达需求和熟人社交压力之间的矛盾，在强关系和弱关系之间，开辟出一个中度关联的社交区域，既满足了他们对自我隐匿的要求和窥伺他人的乐趣，也避免了暴露真实身份信息的烦恼。其二，匿名言说消解了被孤立的恐惧。人总是力图从周围环境中寻求支持，避免陷入孤立状态，因此，个人在表达自己的观点时，总要对周围的意见环境进行观察以判断自身属于多数还是少数群体，从而选择发声或者沉默。有研究表明，如果个人意见和优势群体意见的一致性高，个人就更愿意公开表达自己的见解。② 在匿名状态下，即使个人观点表达与优势群体意见不同，但由于他人无法识别发言者身份，发言者也会处于相对安全的状态下，减少了被孤立的恐惧感的同时受到了保护。

当前关于匿名行为的研究较为局限，多是分析公众匿名的动机，较少分析用户如何看待匿名以及匿名行为对用户意见表达的影响。本研究将以特定的社交媒体社区中的用户为分析对象，探讨用户如何评价匿名，以及匿名发言对于社交空间的价值以及存在的问题。

三、研究对象与研究方法

（一）研究对象

知乎社区创始人之一周源在“知乎是什么?”一题中回答称：“知乎就是一个由每个人的知识、经验和见解组成的 P2P 网络。”③ 知乎社区共有两条基本原则，且是社区规范的核心原则，一是创造有价值的内容：知乎的初衷是帮助人们更好地分享彼此的知识、经验和见解，发表“有用”

---

① RAINIE L，KIESLER S，KANG R，et al. Anonymity，Privacy，and Security Online [EB/OL]. (2013-11-14) [2016-10-29]. http：//www. pewinternet. org/2013/09/05/anonymity-privacy-and-security-online/.

② 崔蕴芳，沈浩．“面子”与“沉默的螺旋”——一种检验和探索 [J]. 现代传播，2005 (6)：49-52.

③ 周源．知乎是什么 [EB/OL]. (2012-04-16) [2016-10-29]. https：//www. zhihu. com/question/20180246/answer/ 14245146.

“有帮助”“有质量”的内容，这不仅可以帮助他人，也会让自己获益；二是保持友善和尊重：不要攻击、故意贬低用户或其写的内容，尊重不同的观点，不恶意揣测动机。① 为履行这一原则，知乎推出匿名功能。社交匿名并非新鲜事物，但是知乎上的匿名功能极大地提升了这一社区的言论自由度，也加深了很多问题的讨论深度。因此，本研究选取知乎社区中的用户的匿名行为作为研究对象。

（二）问卷调查法

本研究的问卷共有23个题项，内容涉及人口统计学变量、用户的匿名态度、用户对匿名的评价等。本问卷面向知乎用户发放，剔除无效IP、重复问卷、极端值、非知乎用户等无效问卷后，最终回收有效问卷407份，剔除不使用知乎社区的被访者问卷，余下使用知乎社区的用户问卷261份。

问卷调查样本基本情况如下：男性129人，占总人数49.43%，女性132人，占总人数50.57%，性别分布较为平均。由于使用知乎的年龄层次多集中于15至35岁，因此此次问卷的受访者年龄分布集中在21至30岁，占比83.91%，其次是20岁及以下者，占比14.94%（见表6-1）。

表6-1 **调查对象人口统计情况**

测量项目	分　类	频次	百分比（%）
性别	男	129	49.43
	女	132	50.57
年龄	20岁及以下	39	14.94
	21—30岁	219	83.91
	31—40岁	3	1.15
学历	初中及以下	1	0.38
	高中/中专/技校	2	0.77
	大学专科或同等学力	9	3.45
	本科或同等学力	208	79.69
	研究生及以上	41	15.71

① 知乎小管家．知乎社区的基本原则是什么［EB/OL］．（2016-04-08）［2020-05-08］．http：//www.zhihu.com/question/ 20133162.

续表

测量项目	分　　类	频次	百分比（%）
职业	学生	232	88.89
	公职人员（含公务员和除教师外的事业单位人员）	10	3.83
	企业管理人员	9	3.45
	工人（含农民工）	4	1.53
	其他	6	2.30
知乎使用频次	1～2 次/周	142	54.41
	3～4 次/周	49	18.77
	5～6 次/周	23	8.81
	≧7 次/周	47	18.01

在受教育程度分布上，本科或同等学力最多，为 208 人，占总人数的 79.7%（见表 6-1）；在职业分布上，学生为主，为 232 人，占总人数的 88.9%（见表 6-1）；在使用频次上，使用知乎的 261 人中，“1～2 次/周” 142 人、“3～4 次/周” 49 人、“≧7 次/周” 47 人、“5～6 次/周” 23 人（见表 6-1）。

四、知乎社区中用户使用匿名功能的动机

（一）知乎社区匿名功能介绍及用户认知分析

对于匿名功能，知乎社区给出的承诺是：第一，知乎保护匿名用户的身份不被公开；第二，知乎不赞成以评论或提问等方式去查找匿名用户的真实身份；第三，用户要对其发布的内容负责，不允许用匿名的方式攻击他人、泄露他人隐私等。

知乎主页声明，只有通过详细分析数据库中的源数据，才能查看匿名用户的信息。知乎团队能访问数据库的成员不超过两人。匿名用户的数据分别放置，且数据访问的权限分离，也就是说，两人配合才能分析数据，

才能查看匿名用户信息。[①] 作为知乎平台的特色功能之一，匿名功能的出现受到众多用户的青睐。无论是在笔者的观察中，还是在此次的答卷中，都反映出知乎的匿名功能并非形同虚设，用户很大程度上会选择使用匿名功能。在本次调查中，有 62.5%的人表明了解知乎匿名功能，对于“社交媒体中，在可以使用匿名的情况下，您在意见表达时是否会使用匿名”这一问题，仅有 5.4%的答卷人群选择了“否”，而选择“是”和“视情况而定”的两个选项的人数相近（见表 6-2）。可见在有条件使用匿名的情况下，绝大多数用户还是会使用匿名这一功能。

表 6-2 **用户使用匿名功能的意向程度**

测量项	选项	频次	百分比（%）	均分	标准差
是否愿意匿名	是	125	47.9	1.99	0.975
	否	14	5.4		
	视情况而定	122	46.7		
是否了解知乎匿名	是	163	62.5	1.38	0.485
	否	98	37.5		
是否使用知乎匿名	是	83	31.8	1.68	0.467
	否	178	68.2		

随着互联网的飞速发展，个人信息安全日益成为用户关注的话题之一。对于“当前您是否感到个人信息安全受到威胁”这一问题，7 成以上的被访者选择了“是”（见表 6-3）。可见，人们对信息泄露较为敏感，并致力于寻求更好的方式保障自身隐私安全。52.1%的被访者认为选择匿名可有效保护个人信息安全。上述数据表明，虽然有一定数量的用户或多或少地在使用匿名功能，但他们并未“一边倒”地全然信任这一功能。对于“您认为在社交媒体中使用匿名进行意见表达是否可以有效保障您的个人信息安全”这一问题，受访者“是”和“否”的回答趋于平衡（见表 6-3）。可见，对于当前的匿名技术，用户态度并不明确。

---

① 知乎小管家. 如何正确使用知乎上的「匿名身份」功能 [EB/OL]. (2016-04-13) [2017-05-15]. https://www.zhihu.com/question/19581541? rf=32148498.

表 6-3　　匿名与信息安全认知

测量项	选项	频次	百分比（%）	均分	标准差
是否感到个人信息安全受到威胁	是	204	78.2	1.22	0.414
	否	57	21.8		
是否认为匿名可有效保护个人信息安全	是	136	52.1	1.48	0.501
	否	125	47.9		

与表 6-3 七成以上用户认为存在个人信息安全威胁相对应的是，当用户认为个人隐私安全存在威胁时，七成以上用户会采用匿名的方式进行意见表达。“在何种情况下，您会选择使用知乎的匿名功能（多选）”这一问题中，选项“在我认为个人隐私安全存在威胁时”及“在我担心引起的关注超出自身承受的范围时”分别被选择了 190 次和 172 次（见表 6-4）。

表 6-4　　使用知乎匿名功能原因分布

使用知乎匿名功能原因	频次	百分比（%）
A. 在我认为个人隐私安全存在威胁时	190	72.8
B. 在我担心引起的关注超出自身承受的范围时	172	65.9
C. 在我与大多数人的观点不同时	64	24.52
D. 在我害怕遭到打击报复时	99	37.93
E. 在我对所反映的问题没有绝对的把握时	69	26.44
F. 其他	8	3.07

（二）意见领袖与个人的意见表达欲望

匿名功能给了普通民众隐藏的外衣，匿名者的真实身份难以确定，所有人又回到了同一起点，“意见领袖”的身份优势日渐减弱。“匿名”下的用户身份地位都处于同一层面，所有人的意见表达诉求和被对待的方式都是平等的。在某些情况下，尤其在一些敏感问题中，或者是涉及特殊身份或经历的问题中，匿名的用户更有可能成为“意见领袖”。

受众的心理特征包括认知心理、好奇心理、从众心理、表现心理、移情心理和攻击心理六个方面。其中从众心理指“生活在一定社会群体中的受众个体，都希望被群体接纳、肯定，而避免被群体抛弃、否定的心理”；表现心理则是指“在群体面前显示自己优势的欲望”。① 用户在顺从优势意见的同时，有着想要成为优势意见发言者的愿望，从而满足自己的表现心理。在网络社区中，用户既想跟随意见领袖、归队于大多数的阵营，又想基于自己的观点进行表露和表达。但在优势意见的强大压制下，个人的观点能够被广泛认可的可能性较小，倘若选择匿名方式进行表达，获得关注的可能性也许会提高。如在知乎问题“做明星是怎样的一番体验?”中，截至 2017 年 4 月 11 日，共有 1794 个答案，回答者都以匿名的方式发言，但同时表明自己的身份是“某一明星”。实际上，回答问题的人中，既有真实的明星又有普通人，但由于匿名，在某种程度上，每一个回答者都获得了同等的被关注的机会。

然而，匿名者也可能存在一些担忧。他们在进行表露和表达的同时，会担心自己的意见表达引起的关注超出自身的承受范围。如交叉分析表 6-5 所示，172 人选择了 B 项“我担心引起的关注超出自身承受的范围”，占总人数的一半以上，当被问及“您认为匿名表达者对自己所发表的言论的负责程度如何”时，绝大多数受访者选择了“一般负责”，选择“负责”甚至“十分负责”的人数非常少。

从这一交叉分析中可以看出两点：一是害怕所发表意见引起过多关注的受访者肯定了匿名功能，认为匿名功能可以使自己对言论不用十分负责，基于这种原因，他们更愿意使用匿名而非实名来发表意见；二是在这些人群中，7 成左右的受访者选择了“一般负责”这一中间选项。可见，大多数人选择一种比较保守的态度，他们不像意见领袖般积极进入引导舆论的潮流中，也不愿意默默无闻甘愿被动卷入舆论，于是，匿名发言功能成了他们最好的选择。

表 6-5 知乎用户使用匿名情况（X）与匿名表达负责度（Y）统计表

X \ Y	匿名表达者对自己所发表的言论的负责程度					
	A. 完全不负责	B. 不负责	C. 一般	D. 负责	E. 十分负责	总和
A. 在我认为个人隐私安全存在威胁时	3（1.58%）	20（10.53%）	143（75.26%）	22（11.58%）	2（1.05%）	190

① 张国良．传播学原理［M］．上海：复旦大学出版社，2009.

续表

X\Y	匿名表达者对自己所发表的言论的负责程度					
	A. 完全不负责	B. 不负责	C. 一般	D. 负责	E. 十分负责	总和
B. 在我担心引起的关注超出自身承受的范围时	3（1.74%）	24（13.95%）	121（70.35%）	23（13.37%）	1（0.58%）	172
C. 在我与大多数人的观点不同时	0（0%）	11（17.19%）	46（71.88%）	7（10.94%）	0（0%）	64
D. 在我害怕遭到打击报复时	2（2.02%）	15（15.15%）	71（71.72%）	9（9.09%）	2（2.02%）	99
E. 在我对所反映的问题没有绝对的把握时	0（0%）	11（15.94%）	45（65.22%）	12（17.39%）	1（1.45%）	69
F. 其他	1（12.5%）	1（12.5%）	5（62.5%）	1（12.5%）	0（0%）	8

（三）沉默的螺旋现象中害怕孤立的心态

当前社会，很多个体都存在被孤立的焦虑感。这种孤立不仅体现在现实生活中，更多地表现为精神上的孤立。人们往往喜欢“抱团”成立集体，如果个体的意见过于另类或突出，就会遭到集体的“遗弃”。在这个集体中，所有人的意见趋于一致，也正是在这个基础上，集体才能形成。于是，渴望发表意见而又不愿脱离“集体”的用户，在匿名的面具下，享受着精神上的集体意识，但发表与“集体”不一致的意见。“害怕孤立”使他们在形式上“忠于自己的集体”，在内容上表达着与众不同的观点。对于使用知乎匿名功能的原因，有 64 人选择“我与大多数人的观点不同”，仅占总人数的 24.52%。可见“害怕被孤立”的情况依然存在，这也反映出年轻一代在意见纷杂的情况下，更愿意选择保持自己独立、自主的表达意愿。

(四) 对网络安全的担忧

网络赋予人们更多便利的同时也带来了隐私问题。超过 7 成的被访者感到个人信息安全受到威胁。在这些被访者中，半数认为在社交媒体中使用匿名方式进行意见表达不能有效保障个人信息安全。而“认为不存在个人信息受到威胁”的被访者更倾向认同“匿名”带来的有效保障性(见表 6-6)。

表 6-6　　信息安全（X）与匿名保障度（Y）统计表

<table>
<tr><td colspan="3" rowspan="2">题项与回答</td><td colspan="2">您认为在社交媒体中使用匿名进行意见表达是否可以有效保障您的个人信息安全：</td><td rowspan="2">总和</td></tr>
<tr><td>A. 是</td><td>B. 否</td></tr>
<tr><td rowspan="4">当前您是否感到个人信息安全受到威胁：</td><td rowspan="2">A. 是</td><td>计数</td><td>99（37.93%）</td><td>105（40.23%）</td><td>204</td></tr>
<tr><td>标准化残差</td><td>-0.7</td><td>0.7</td><td></td></tr>
<tr><td rowspan="2">B. 否</td><td>计数</td><td>37（14.18%）</td><td>20（7.66%）</td><td>57</td></tr>
<tr><td>标准化残差</td><td>1.3</td><td>-1.4</td><td></td></tr>
<tr><td colspan="2">总和</td><td>计数</td><td>136</td><td>125</td><td>261</td></tr>
</table>

“在何种情况下，您会选择使用知乎的匿名功能”这一问题的回答中，261 份问卷中 190 人选择了 A 项“在我认为个人隐私安全存在威胁时”，占总人数的 72.8%（见表 6-4）。在随机用户访谈中，受访者表示：“网络安全问题是网络的特性，选择时自己肯定会选择安全性更高的方式，哪怕不确定是否真的安全，但最起码是一种心理安慰。”这解释了为何部分用户对匿名并非完全信任却仍会使用这一功能，知乎社区对匿名安全性的保障给予这些用户以某种程度的心理安慰。

(五) 现实与虚拟的分离

“在何种情况下，您会选择使用知乎的匿名功能”这一问题的 F 项“其他”的回答中，有两条回答涉及现实与网络虚拟的区别。这一关涉现实与网络虚拟的区别的答案具有代表性，一部分人希望把现实世界和虚拟世界分割开来，对他们来说，匿名使他们在网络上能够以另外一个人的身份发表意见，这也从侧面反映出了这一人群对于知乎社区的匿名功能予以了充分信任。

五、知乎社区中用户使用匿名功能的影响

（一）使用匿名功能的正面影响

大众通过匿名方式可以自由自在地进行表露和表达，不仅可以促进公民对于社会热点事件的广泛讨论，也是对公民自由表达权利的保障。在“您认为在知乎平台上使用匿名功能产生的最主要的积极影响（多选题）”的回答中，102 位受访者选择“保障了更自由的意见表达环境”题项，占总数的 39.08%，A 项为最高票选项。其次是 B 项“规避了暴露真实身份的风险”，有 74 人选择、D 项“个人可以更自由地表达真实意见”，有 71 人选择。而对 C 项“满足了窥视他人的乐趣”的选择较少（见表 6-7）。这说明匿名表达可以为网友的畅所欲言提供有力保障，促进“意见自由市场”的形成。

表 6-7　　使用匿名功能的积极与消极影响比较图

测量项	题　项	总和	百分比（%）	均分	标准差
使用知乎匿名功能的积极影响认知	A. 保障了更自由的意见表达环境	102	39.08	2.23	1.256
	B. 规避了暴露真实身份的风险	74	28.35		
	C. 满足了窥视他人的乐趣	11	4.21		
	D. 个人可以更自由地表达真实意见	71	27.20		
	E. 其他	3	1.15		
使用知乎匿名功能的消极影响认知	A. 对不当言论追究困难	89	34.10	1.95	0.824
	B. 发言者不负责任	102	39.08		
	C. 意见庞杂，有损舆论环境	64	24.52		
	D. 其他	6	2.30		

注：百分比的计算方法，取的是四舍五入。

1. 畅所欲言的有力保障

知乎话题“华中科技大学”下，共有1500多个问题，涉及学校各类热门公共事件，参与人数较多，但只有小部分用户明确表达自己是哪一届、哪个学院的学生，且未使用匿名方式进行回答、讨论。大部分匿名用户只简要表明此事和自己利益相关，并进行意见表达。如表6-7所示，由选择人数排名前二的选项可以看出，匿名功能能为用户畅所欲言提供更自由的意见表达环境，同时可以有效避免用户在意见表达时暴露身份。在信任匿名功能的用户看来，知乎社区以匿名的方式提供了现实世界所不能提供的意见表达平台。

2. “意见自由市场”的形成

社交平台提供了一个表达的空间，这一空间被一些用户视为可以发表意见的“自由市场”。“意见的自由市场”的提出者美国托马斯·杰斐逊（Thomas Jefferson）认为，真理不是权力赐予的，而是通过各种观点、意见之间自由辩论和竞争获得的。只有允许各种言论、思想和价值观像商品在自由的市场流通一样在社会上自由地流通，才能让人们在比较和辨别中明白真理。如表6-8所示，27.2%的被访者认为知乎社区的匿名功能可以使个人更自由地表达真实意见。匿名给了人们自由自在地表达真实意见的机会，各种意见的碰撞促进了“意见自由市场”的形成。尽管20世纪50年代的“社会责任论”对这一观点进行了修正，但不可否认的是，这种相对自由的意见市场对社会进步起到一定的积极作用。当人们认为自己得到了尊重，获得了平等的意见发表机会，会对这个社会更加认同。

（二）使用匿名功能的负面影响

在“您认为在知乎平台上使用匿名功能产生的最主要的消极影响（多选题）”这一问题的回答中，102人选择了B项“发言者不负责任”，占所有受访者的39.08%，B项为最高票选项。接下来依次是A项“对不当言论的追究困难”，有89人选择、C项“意见庞杂，有损舆论环境”，有71人选择（见表6-7）。下面分析用户使用匿名功能所带来的负面影响。

1. 不负责任的意见表达

匿名功能的使用可能会带来意见表达过度自由化的风险。如表 6-7 所示，约有 4 成被访者认为“发言者的不负责任”是匿名产生的主要消极影响。同时 24.52%的被访者认为匿名导致意见过于庞杂，有损舆论环境，如言论侵犯他人权益、言论有损企业信誉、言论侵犯他人隐私等。如何在以匿名的方式保护公众的表达自由的基础上督促用户负责任地发言，这一问题值得研究者进一步思考。

2. 问责难度加大

匿名方式下社交媒体平台上的不当言论倘若产生不良影响，要想对其追责十分困难。尽管可以通过“人肉搜索”的方式将这些不当言论的“始作俑者”进行曝光，但很显然，这种以暴制暴的做法并不适用于当下文明社会。总的来说，不论是现实生活还是虚拟生活中，问责难以落实就意味着秩序维护有不确定性风险。

六、引导匿名功能良性发展的对策

（一）政策性的监管促使个人更负责

2017 年 6 月 6 日，知乎社区为进一步强化账号实名认证机制，发布要求用户进行“手机号绑定”的公告。基于“前台自愿，后台实名”的原则，用户依旧可以使用匿名功能进行提问或回答。① 对于这种后台实名制的赞同，在答卷情况也有体现。在“认为是否应该对网络言论领域进行实名制监管”一题的回答中，5 成以上受访者认为对网络言论领域的实名制监管可以督促个人对自己的表达更加负责（见表 6-8）。在“您认为国家是否应当出台规范网络匿名使用规范的相关文件”一题的回答中，近 8 成受访者认为“合理的规范是言论自由的保障”（见表 6-8）。可见，无论对于网络匿名还是实名认证，大多数人都希望国家出台相应政策以明确言论规范。

① 知乎小管家．知乎也要进一步强化账号实名制了［EB/OL］［2017-06-06］. https://zhuanlan.zhihu.com/p/27257715.

表 6-8 用户对匿名与实名监管的认知

测量项	题　　项	总和	百分比（%）	均分	标准差
对网络言论领域进行实名制监管的态度	A. 应该，这样会督促个人对自己的表达更加负责	214	52.58	1.69	0.803
	B. 不应该，违背了网络空间的“匿名属性”	96	23.59		
	C. 说不清楚	97	23.83		
对国家出台规范网络匿名使用规范的相关文件的态度	A. 应该，合理的规范是言论自由的保障	318	78.13	1.33	0.668
	B. 不应该，会束缚个人自由的意见表达	44	10.81		
	C. 说不清楚	45	11.06		

（二）鼓励用户提升素养和发布高质量信息

知乎平台的匿名功能给予用户更加自由的意见表达环境，用户自觉地发布有价值的内容，形成了具有一定专业水准的知乎社区。问卷数据显示，用户“对匿名用户回答的答案的信任程度”和“对有实名认证的回答者的答案的信任程度”没有显著差异。但在对“获得赞同或感谢数量较多的回答者的答案”的信任程度方面，有近 3 成答卷者表示相信（见表 6-9）。由此可见，优质的内容是影响用户信任的重要因素，人们更倾向信任那些清楚、有逻辑、观点明确的意见表达。

表 6-9 对他人的信任程度

测量项	题　　项	总和	百分比（%）	均分	标准差
对获得赞同或感谢数量较多的回答者的答案的信任程度	A. 完全不相信	1	0.38	3.29	0.526
	B. 不相信	2	0.77		
	C. 视情况而定	182	69.73		
	D. 相信	72	27.59		
	E. 完全相信	4	1.53		

续表

测量项	题　项	总和	百分比（%）	均分	标准差
对实名表达者发表言论的负责程度的态度	A. 一点也不负责	0	0	2.98	0.614
	B. 不负责	8	3.07		
	C. 一般	110	42.15		
	D. 负责	132	50.57		
	E. 十分负责	11	4.21		

同时，在“您认为匿名表达者对自己所发表的言论的负责程度如何”一题中，7成以上答题者表示“一般”；当谈到对实名表达者对自己言论的负责程度时，超过半数的受访者表示“负责”，4成受访者表示“一般”，仅有4.21%的受访者表示“十分负责”（见表6-9）。由此可见，较之于匿名表达者，大部分人对实名表达者予以更多信任，这种信任并非由于“实名”发言，而是因为受访者认为实名者会发布更为负责的言论。因此，无论是匿名还是实名的意见表达，用户都应发表可信度较高的言论，方可获得其他用户的认可。

（三）维护健康而自由的网络舆论环境

在调查“希望其他用户使用匿名功能的频次”时，无论假设身份是知乎管理员还是知乎用户，更多人还是倾向“适中使用”或者是“偶尔使用”（见表6-10）。可见，对于匿名带来风险的不可抗拒性，大多数人还是倾向以一种更保守的方式来对待。

表6-10　不同身份对希望其他用户使用匿名功能的频次的态度

测量项	题　项	总和	百分比（%）	均分	标准差
（假定身份为知乎管理员）对希望其他用户使用匿名功能的频次的态度	A. 从不使用	17	6.51	2.47	2.48
	B. 偶尔使用	112	42.91		
	C. 适中使用	126	48.28		
	D. 经常使用	4	1.53		
	E. 总是使用	2	0.77		

续表

测量项	题　　项	总和	百分比（%）	均分	标准差
（假定身份为知乎用户）对希望其他用户使用匿名功能的频次的态度	A. 从不使用	18	6.9	0.677	0.654
	B. 偶尔使用	105	40.23		
	C. 适中使用	133	50.96		
	D. 经常使用	5	1.92		
	E. 总是使用	0	0		

注：百分比的计算方法，取的是四舍五入。

匿名功能推出的目的在于使公众更为真实地进行表达，而这一功能的合理使用离不开健康而自由的网络舆论环境。政府部门需要出台相关政策监测、预警舆论环境，公民需要提高自身的表达素质并发布高质量的内容。无论是否使用匿名，用户都要有意识地去营造自由而积极的舆论环境，给予发表意见者以更多的宽容与理解，也应谴责故意散播不实言论的行为。良好的网络舆论环境的形成与发展需要政府、社交媒体用户与平台的共同努力。

下篇

媒介使用与信息伦理

第七章　社交媒体使用中的信息鉴别能力研究：基于批判思考意向与社会支持的考量

一、引　言

随着互联网技术的飞速发展、智能手机的普遍应用，社交媒体成为人们获得信息的主要来源。《中国社交应用用户行为研究报告》显示，“QQ空间、新浪微博、微信朋友圈同属于社交应用，用户使用目的较为一致，集中在‘和朋友互动，增进和朋友之间的感情’、‘关注及获取感兴趣的内容’、‘及时了解新闻热点’这三个方面”。① 由此可见，社交媒体为人们获取和分享信息的活动提供了便利，加快了信息的流通速度。但由于缺乏严格的信息把关机制，社交媒体成了假新闻、假广告、诈骗信息等不实或不良信息散布的平台。截至 2020 年 6 月，有 38.4%的网民曾遭遇过网络诈骗、账户被盗、个人信息泄露等网络安全问题。② 可见，提高网民的信息素养水平，尤其是信息鉴别能力显得尤为重要。本研究以社交媒体用户的信息鉴别能力为切入点，调查他们在社交媒体中进行信息鉴别的方法，分析影响其信息鉴别能力的因素，同时提出提高信息鉴别能力的策略。

在信息海量呈现的时代，提升公众网络信息鉴别能力的重要性已经被多次强调。但目前关于公众网络信息鉴别能力的研究更多地停留在呼吁人们提高辨别虚假信息能力上，相关的实证研究较少。

---

① 中国互联网络信息中心 . 2016 年中国社交应用用户行为研究报告 [R]. 北京：中国互联网络信息中心，2017.

② 中国互联网络信息中心 . 第 46 次中国互联网网络发展状况统计报告 [R]. 北京：中国互联网络信息中心，2020.

考虑到媒介素养和信息素养研究与公众的信息鉴别能力研究相关，因此本章的研究将与信息素养结合，基于近年来各大权威机构（如中国互联网络信息中心、中国社会科学院社会学研究所等机构）发布的互联网用户研究报告，界定信息鉴别能力的概念，并且设计信息鉴别能力的测量模型，采用问卷调查法研究用户信息鉴别能力现状与影响因素，寻求提高用户信息鉴别能力的途径。

二、文献综述

（一）媒介素养与信息素养

"媒介素养"概念一直与"教育"领域的研究紧密相连。"媒介素养"一词可追溯到1933年，英国文化研究者弗兰克·雷蒙德·利维斯（Frank Raymond Leavis）和丹尼斯·桑普森（Denys Thompson）在《文化与环境：培养批判的意识》一书中，提出并倡导媒介素养教育。利维斯和桑普森提出媒介素养教育的初衷是"抨击以大众媒介为滋生土壤的流行文化对传统精英文化的冲击，培养公众特别是青少年对媒介的批判意识"①。拉夫堡大学的大卫·帕金翰（David Buckingham）认为媒介素养是指"使用和解释媒体所需的知识、技能和能力"②。1992年，美国媒体素养研究中心（Center for Media Literacy，CML）将媒介素养定义为人们面对不同媒体中各种信息时所表现出的选择能力、质疑能力、理解能力、评估能力、创造和生产能力以及思辨的反应能力。

1997年中国社会科学院副研究员卜卫在《论媒介教育的意义、内容与方法》中，系统介绍了国外媒介素养教育的起源与发展、媒介素养教育的意义和途径。在新媒体时代，研究者们赋予了"媒介素养"新的内涵。卢峰提出"媒介素养之塔"的概念，并根据媒介使用者的主要媒介使用习惯，将媒介素养由低到高划分为媒介安全素养、媒介交互素养、媒介学习素养和媒介文化素养四个层次，在每个层次提出了"知识""技

① 袁军．媒介素养教育论［M］．北京：中国传媒大学出版社，2010.

② DAVID BUCKINGHAM. Media Education：Literacy，Learning，and Contemporary Culture［M］. Cambridge：Polity Press，2003.

能”“能力”和“态度”四个目标，以培养媒介使用者的批判性思维。①蔡骐、李玲认为在信息过载时代，新媒介素养教育必须打破传统媒介素养对“批判能力”的重视，应当培养媒介使用者的“信息管理能力”——信息的筛选、甄别、整合能力，还认为新媒介素养教育的开展应当以“掌握技术”为核心。② 由此可见，研究者对互联网时代媒介素养内涵的认定有不同的侧重。

信息素养的概念由美国信息产业协会（Information Industry Association）主席保罗·车可斯基（Paul Zurkowski）提出，他将信息素养概念定义为：“利用大量的信息工具和主要的信息源使问题得到解答的技术和技能。”1989年，美国图书馆协会（America Library Association）发布报告，认为信息素养的内涵包括“能够判断什么时候需要信息”“懂得如何去获取信息”“懂得如何评价和有效利用所需的信息”三个方面。③王吉庆认为“信息素养是人们在信息社会的修养与能力。它包含信息意识与情感、信息伦理道德、信息能力等多个方面，是一种综合性的、社会共同的评价”。④ 唐曙南将信息素养划分为“信息意识、信息知识、信息能力和信息道德四个方面”。⑤

近年来，随着信息技术广泛渗透到各个领域，信息素养、媒介素养、数字素养、计算机素养等概念不断融合。联合国教科文组织（United Nations Educational, Scientific and Cultural Organization, UNESCO）将这些概念融为一体，提出了“媒介与信息素养”(Media and Information Literacy)，并将其定义为一组能力，这些能力允许公民使用一系列工具，以批判的、道德的和有效的方式获取、检索、理解、评估和使用、创造、分享所有格式的信息和媒介内容，以参与和从事个性化、专业化和社会化的活动。⑥

在联合国教科文组织提出“媒介和信息素养”的概念后，针对这一议题的讨论尤为激烈。爱丽丝·李（Alice Lee）和克莱门特·苏（Clement So）通过研究发现，信息素养与信息存储、加工和使用联系紧

---

① 卢峰．媒介素养之塔：新媒体技术影响下的媒介素养构成［J］．国际新闻界，2015（4）：129-141.

② 蔡骐，李玲．信息过载时代的新媒介素养［J］．现代传播，2013（9）：120-124.

③ 孙平，曾晓牧．认识信息素养［J］．大学图书馆学报，2004（4）：34-42.

④ 王吉庆．信息素养论［M］．上海：上海教育出版社，1999.

⑤ 唐曙南．大学生信息素养研究［M］．北京：北京师范大学出版社，2011.

⑥ 程萌萌，夏文菁，王嘉舟，郑颖，张剑平．《全球媒体和信息素养评估框架》(UNESCO) 解读及其启示［J］．远程教育杂志，2015（1）：23-29.

密，而媒介素养更关心媒介内容、媒体行业和社会影响，① 吴淑娟倡导信息素养和媒介素养教育进行融合，她认为国内信息素养教育侧重于人们对有关文献的检索、获取、评价和使用等能力，培养的核心仍然是检索和使用信息的能力，而媒介信息素养更强调价值性与社会性，例如批判性思考、创新精神和语言表达能力等方面，在 Web2.0 环境中，所有人都是发现、使用、评价和生产信息的主体，因此，当下的信息素养教育应当与媒介素养教育相融合，联合培养受众的信息技能学习和媒介信息解读能力。②

考虑到日益复杂的信息社会要求公民不仅仅能够利用信息工具检索、评价、管理信息，更要求公民能够对检索到的信息进行批判分析。公民的信息鉴别能力是公民媒介素养与信息素养的重要内容之一。

（二）网络用户的信息鉴别能力研究

目前基于"信息鉴别"进行的研究，其视角较为多元。在新闻传播学领域，"信息鉴别"与媒介素养理论相关；在图书情报与档案管理领域，"信息鉴别"被纳入信息素养理论中，属于受众利用信息能力的评价指标之一。吴钢等人将信息鉴别定义为对信息的各种属性和价值进行判断和分析的过程，是信息吸收和利用的前提。③

就本研究的研究议题——信息鉴别能力而言，无论是新闻传播学还是图书情报学或者是教育学，都没有较为系统的测量方法。在大部分网络信息素养研究中，对信息鉴别能力的测量主要是测量受众"对网络虚假信息的感知情况""是否会质疑网络信息的真伪"等。如董秀文从"是否会怀疑信息的真实性""是否会不加考虑地传播轰动性信息""是否会多方求证来证明信息的准确性""是否误转过与事实不符的信息""是否了解辨别信息的方法"几个方面来衡量大学生的信息辨析能力。④ 张洪忠、王鑫在研究"网民类型与信息辨别力"时，要求受试者判断 10 条真假混杂

---

① Alice Lee，Clement So. Media Literacy and Information Literacy：Similarities and Differences ［J］. Comunicar，2014（1）：137-145.

② 吴淑娟．信息素养和媒介素养教育的融合途径［J］. 图书情报工作，2016（3）：69-75.

③ 吴钢，郭沁峰，易芳，吕霞．大学生信息素养现状调查与对策分析［J］. 图书馆理论与实践，2006（3）：39-41.

④ 董秀文．大学生网络信息辨析力培养模型设计与应用研究［D］. 重庆：西南大学，2015［2015-04-16］. https：//kns. cnki. net/KCMS/detail/detail. aspx？ dbname = CMFD201601&filename = 1015336684. nh.

的网络信息来测量网民的信息辨别力，判断得分越高，意味着网民的信息辨别力越高。①

与“信息鉴别”相近的概念是“信息验证”（information verification）。与传统媒介上的信息相比，互联网上的信息大多具有市场诱导性、娱乐资讯与广告信息杂糅、不稳定性等复杂特征，这加剧了用户鉴别信息的难度。因此研究者开始验证判断网络信息准确性的方法。马什·安·泰特（Marsha Ann Tate）和珍妮特·亚历山大（Janet Alexander）提出了五点标准来评估网站信息，分别为精确性（accuracy）、权威性（authority）、客观性（objectivity）、及时性（currency）以及覆盖面（coverage）②，精确性指网站内容在多大程度上是没有错误的；权威性指网站内容由谁撰写，是否提供了作者的资格证书和隶属关系；客观性包括确定网站提供内容的目的为何、网站提供的信息是观点还是事实；及时性指网站内容更新是否及时；覆盖面指网站提供的信息是否深入而广泛。安德鲁·弗拉纳金（Andrew Flanagin）和米里亚姆·梅茨格（Miriam Metzger）从上述五点标准出发，用九个题项评估了大学生常用的网络信息核实方法，其研究结果显示，学生使用的最常见的信息核实方法是“检查网站信息是否是最新、完整和全面的”“考虑作者所发布的内容是事实还是意见”“寻找其他来源来验证网络信息”“考虑作者在向网站（Web）发布信息时的目标或目的”。学生使用较少的策略包括“检查作者是谁”“寻找网站的批准标识或推荐标志”“确保作者提供联系信息”以及“验证网站作者的资格或证书”几个方面。③ 台湾交通大学的吴欣纯研究 Facebook 使用者的资讯验证行为时，考虑到了社交网站的分享性特征，从资讯内容、权威、资讯时效和资讯来源（特别针对来自人际关系的信息来源）四个维度来测量用户的资讯验证行为。④

安德鲁·弗拉纳金（Andrew Flanagin）和米里亚姆·梅茨格（Miriam Metzger）延续前一研究，在研究网站特征、用户属性和信息验证行为对

① 张洪忠，王鑫．网民类型与信息辨别力［J］．传媒，2015（21）：18-19.

② ALEXANDER J E，TATE M A．Web Wisdom：How to Evaluate and Create Information Quality on the Web［M］．Mahwah，New Jersey：Laurence Erlbraum Associates，1999.

③ METZGER M J，FLANAGIN A J，ZWARUN L．College student Web use，perceptions of information credibility，and verification behavior［J］．Computers & Education，2003（41）：271-290.

④ 吴欣纯．社群网站使用者在行为感知、资讯验证行为以及资讯信赖度之分析——以 Facebook 使用者为例［J］．教育科技与媒体，2012（9）：23-39.

网络信息可信度的影响时，对用户验证行为采用了两种测量办法。① 一是用户自报验证法（self-reported verification）：要求参与者回答他们在网站上验证信息的常用方法，并用李克特七级量表测量他们这些信息验证行为的实践频率（选项有：1“从不”，2“非常少”，3“很少”，4“偶尔”，5“经常”，6“非常经常”和7“一直如此”）；二是观察用户信息验证行为（observed verification）：提供参与者一则故事，并提供与这则故事在内容上相关的外部网站链接，来观察参与者的信息验证行为（研究者先让受试者浏览一则主题为“辐射对乘坐飞机的孕妇的潜在有害影响”的文章，隐去文章中所有关于“专家身份”和“专家来源”以及“信息发布时间”等有助于受试者验证文章的信息，并将这些信息以链接的形式放在文末，参与者有机会点击七个相关链接，借助参与者点击的链接总数的多少来评判他们信息验证行为的强弱）。弗拉纳金和梅茨格的研究发现，用户的这两种验证行为缺乏一致性，“那些在第一种测量方法中说自己经常验证信息的人，实际上在第二种测量方法中很少验证信息”②。这项发现说明了一个现象：许多用户知道自己应该验证网络上的信息，但他们却很少这样做。

综合上述研究，评估受众的信息鉴别能力应当将用户自报验证法（self-reported verification）和观察验证法（observed verification）结合起来使用。在用户自报验证法中，笔者将借鉴安德鲁·弗拉纳金（Andrew Flanagin）和米里亚姆·梅茨格（Miriam Metzger）的五维度测量法评估用户的信息鉴别能力，并且提出以下研究问题和研究假设：

RQ1：社交媒体用户的信息鉴别能力如何？

H1a：在社交媒体上，用户多大程度上从信息的权威性、时效性、涵盖性和社交关系来判断信息的可靠性。

（三）影响社交媒体信息鉴别能力的因素研究

综合目前关于信息素养、信息辨别力和信息验证方面的文献，影响受众信息鉴别能力的因素可以归纳为：个体特征（人口学因素、经济状况、

---

① FLANAGIN A J，METZGER M J. The role of site features，user attributes，and information verification behaviors on the perceived credibility of web-based information [J]. New media & Society，2007（4）：319-342.

② FLANAGIN A J，METZGER M J. The role of site features，user attributes，and information verification behaviors on the perceived credibility of web-based information [J]. New media & Society，2007（4）：319-342.

态度和观念）、批判思考意向、媒介接触情况、网络自我效能感和社会支持五个方面。那么在社交媒体的环境下，这些因素对用户的信息鉴别能力是否仍有影响？如果有影响，那么该如何从这些因素出发，提高网民的信息鉴别能力？为探讨这些问题，本研究提出以下研究问题：

RQ2：影响社交媒体用户信息鉴别能力的因素有哪些？

RQ3：如何提高社交媒体用户的信息鉴别能力？

1. 个体特征

张硕和陈功在研究影响城市老年人新媒体使用情况时发现，文化程度、经济条件、对待衰老的积极态度对老年人新媒体使用具有正向影响。[①] 受众的新媒体使用能力与用户的信息鉴别能力相互影响。有报告显示，青年群体作为社交媒体使用的主力军，与中老年群体相比，对媒体的特性等有更多的了解，具有较好的媒介素养。[②] 现提出研究问题和研究假设：

Q2：用户的媒介接触情况是怎么样的？

H2a：学历正向影响社交媒体用户信息鉴别能力；

H2b：年龄负向影响社交媒体用户信息鉴别能力。

2. 批判思考意向

批判思考意向是指个体于不同情况下，使用不同模式处理思考之方式，且其能引发思考者进一步运用思考能力去分析、辨别、推论自己与他人的意见，因此与个体是否进行资讯验证行为应有密切关系，所以用户的批判思考意向对用户资讯验证行为具有正向影响关系。[③] 叶玉珠发展了批判思考意向量表，从分析能力、资讯接受开放性、好奇心及反思四个维度测量用户的批判思考意向，其研究结果显示，资讯验证行为有利于帮助用户快速识别虚假资讯，批判思考意向的分析能力、反思可正向预测

---

① 张硕，陈功．中国城市老年人新媒体使用影响因素研究——基于北京市朝阳区的调查［J］．南方人口，2013（4）：64-72.

② 中国社会科学院社会学研究所，腾讯社会研究中心，中国社会科学院国情调查与大数据研究中心．中老年互联网生活研究报告［EB/OL］．https：//tengyun.tencent.com/storage/source180712/files/%E4%B8%AD%E8%80%81%E5%B9%B4%E4%BA%92%E8%81%94%E7%BD%91%E7%94%9F%E6%B4%BB%E7%A0%94%E7%A9%B6%E6%8A%A5%E5%91%8A.pdf.

③ 林羿妏，陈昭秀．大专院校生的批判思考意向与 Facebook 特性对其信息验证行为的影响［J］．台湾科技大学人文社会学报，2012（1）：17-36.

Facebook 用户的资讯验证行为，资讯接受开放性和好奇心对资讯验证行为影响较弱。用户对于虚假资讯的识别行为与其信息鉴别能力有密切联系，两者均包涵对信息的验证、识别问题的测量。综上，提出假设 H2c。

H2c：批判思考意向正向影响社交媒体用户的信息鉴别能力。

3. 网络自我效能感

克里斯汀·佩奇·霍塞瓦尔（Kristin Page Hocevar）、安德鲁·弗拉纳金（Andrew Flanagin）和米里亚姆·梅茨格（Miriam Metzger）研究了社交媒体自我效能感和人们评价网络信息之间的关系。社交媒体自我效能感是指一个人在社交媒体环境中对自己行为达到预期结果的感知能力。研究发现，具有更高社交媒体自我效能感的用户更愿意相信社交媒体中分享的信息是可信的，他们在评估或核实网络信息时，也更多地依赖他人的意见和社交媒体，[①] 因此提出研究假设 H2d。

H2d：网络自我效能感越强，社交媒体用户的信息鉴别能力越强。

4. 社会支持

《中老年互联网生活研究报告》调查发现，在社区或社团的帮助下，已经安装提示诈骗链接的软件的社交媒体用户，或是已接受防骗知识宣传的社交媒体用户，受骗概率越低。宣传防骗知识可以使用户感受来自社会方面的支持。[②] 同时，对于虚假信息的核实，也有助于用户提升信息鉴别能力。我国部分媒体已经上线事实核查服务，如微信平台的“全民较真”公众号等，他们通过邀请权威专家对近期网络流行的说法作出解释，以帮助用户快速识别虚假信息。基于上述观察可以发现，“是否接受网络风险宣传”“是否关注事实核查类信息”会影响到社交媒体用户的信息鉴别能力，故本研究提出假设 H2e。

H2e：社会支持正向影响社交媒体用户的信息鉴别能力。

---

① HOCEVAR K P, FLANAGIN A J, METZGER M. Social media self-efficacy and information evaluation online [J]. Computers in Human Behavior, 2014 (39): 254-262.

② 中国社会科学院社会学研究所，腾讯社会研究中心，中国社会科学院国情调查与大数据研究中心．中老年互联网生活研究报告 [EB/OL]. https://tengyun.tencent.com/storage/source180712/files/%E4%B8%AD%E8%80%81%E5%B9%B4%E4%BA%92%E8%81%94%E7%BD%91%E7%94%9F%E6%B4%BB%E7%A0%94%E7%A9%B6%E6%8A%A5%E5%91%8A.pdf.

研究设计如下图所示，主要通过差异分析、相关分析考察各因素对社交媒体用户信息鉴别能力的影响（见图 7-1）。

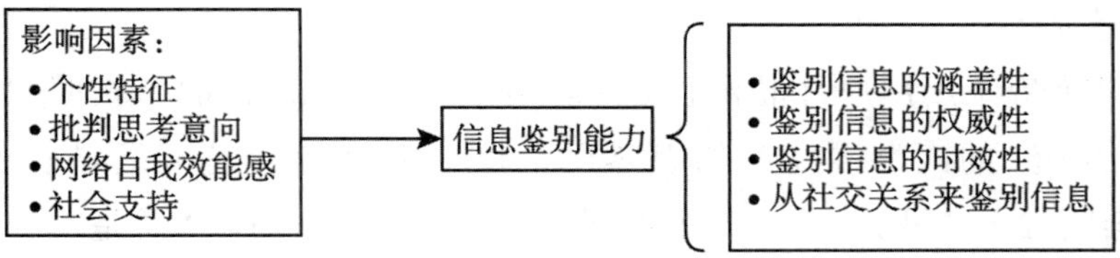

图 7-1　研究设计

三、研 究 设 计

（一）研究方法

本研究主要采用问卷调查法，借用 SPSS 软件进行分析，分析各影响因素与信息鉴别能力之间的相关关系。问卷共包含四个部分，第一部分为媒介接触情况，第二部分为信息鉴别能力量表，第三部分为批判思考意向量表和网络自我效能感量表，第四部分为社会支持和个体特征调研。问卷设计完成后，笔者在社交媒体平台（包括微信、QQ、论坛等）上发放问卷，通过滚雪球抽样的方式抽取受访者答卷。

（二）变量测量

1. 因变量

用户在浏览信息时，采取的信息鉴别方法越多，则意味着用户的信息鉴别能力越强。参考林羿妏、陈昭秀①以及吴欣纯②在资讯验证方面的研究，本研究将用户信息鉴别能力划分为“鉴别信息的涵盖性”“鉴别信息

① 林羿妏，陈昭秀．大专院校生的批判思考意向与 Facebook 特性对其信息验证行为的影响［J］．台湾科技大学人文社会学报，2012（1）：17-36.

② 吴欣纯．社群网站使用者在行为感知、资讯验证行为以及资讯信赖度之分析——以 Facebook 使用者为例［J］．教育科技与媒体，2012（9）：23-39.

的权威性”“鉴别信息的时效性”三个维度。同时考虑在社交媒体中，用户处在信息分享与转发的情境下，会通过社交媒体中其他用户的态度（如用户评论、用户转发）来判断信息的可靠性，因而增加了“从社交关系来鉴别信息”维度。

本研究采用用户自报验证法（self-reported verification），按照“信息鉴别能力”的四个维度（如表 7-1 所示），使用李克特五级量表（1 =“不会”，2 =“很少”，3 =“有时候”，4 =“常常”，5 =“总是”）来测量用户的信息鉴别能力，计算受访者各个题项得分的总和，数值越大，说明受访者的信息鉴别能力越强。

表 7-1 **因变量测量**

变量	维度	题　目
信息鉴别能力	鉴别信息的涵盖性	我会注意文章内容的要素是否完整（要素指时间、地点等信息）
		我会注意文章是否有图片、视频等其他多种形式的信息作为佐证
		我会注意文章末尾的评论态度是否多样化
		我会验证文章内部或末尾的链接是否有效
	鉴别信息的权威性	我会搜索作者的名字，以确定作者的身份和资质
		我会注意公众号的简介，了解公众号的运营机构
		我会注意文章引用的信息是否为专家发布
	鉴别信息的时效性	我会注意公众号更新的频率
		我会注意文章的发布日期和修改日期
		我会注意文章末尾的评论是否有及时更新
	从社交关系来鉴别信息	我会注意朋友圈文章转发者的身份，然后再决定是否相信此文章提供的信息
		我会注意同一文章在朋友圈转发的频率，然后再决定是否相信此文章提供的信息

2. 自变量

影响用户鉴别能力的因素主要有个体特征、批判思考意向、媒介接触情况、网络自我效能感、社会支持五个因素，对应的题项见表 7-2。

表 7-2　　自变量测量

变量	维度	题　　目
个体特征		性别
		年龄
		学历
批判思考意向	信息分析能力	在阅读一则新闻时，我会先思考该新闻是否可信
		当证据不足时，我会暂缓对争议性事件作出判断
		对于新近发生的争议性问题，我尝试去了解其来龙去脉
	开放性	在网络讨论中（如在微博、贴吧、论坛中），我试着去尊重他人的观点
	好奇心	我尝试去了解一些网上新出现的观点或概念
	反省	当有足够的证据显示我的观点有所偏颇时，我会立即修正我的观点
媒介接触情况	网龄	您的网龄？
	网络媒介接触类型	您经常用于获取信息的媒介有？
	每日上网时间	您平均每天的上网时间是多久？
网络自我效能感		只要我努力，我就能学会各种网络操作
		有麻烦的时候，我能够利用网络找到应对方法
		以我的才智，无论上网遇到什么问题，我都能应付
社会支持	家庭支持	您是否与家人一起居住？
	社区支持	您参与社区或工作单位的网络安全宣传活动的频率是？
	网络支持	您是否有关注事实核查类平台？

（1）个体特征：自变量主要包括性别、年龄、学历这几个人口学统计特征。

（2）批判思考意向：批判思考意向是指个体在思考时内心所包含的系统性的分析能力、开放性与同理心、好问、反省 4 种态度，这四种态度有利于个体进行思考。① 本研究参考台湾研究者叶玉珠（1999）编制的批判思考意向量表，从信息分析能力、信息接收开放性、好奇心、反省 4 个

① 叶玉珠．批判思考意向量表［J］．台湾政治大学学报，1999（78）：55-84.

维度设置 6 个题项，采用李克特五级量表（1 = “不会”，2 = “很少”，3 = “有时候”，4 = “常常”，5 = “总是”）来测量受访者的批判思考意向，6 个题项得分之和越高，受访者的批判思考意向则越强。

（3）媒介接触情况：本研究主要考虑受访者社交媒体的接触情况，主要调查用户的网龄、网络媒介接触类型（微博、论坛、新闻网站和 QQ 空间等）、上网时间等。

（4）网络自我效能感：本研究借鉴《中老年互联网生活报告》对网络自我效能感的测量方法，用 3 个题项（“只要我努力，我就能学会各种网络操作”“有麻烦的时候，我能够利用网络找到应对方法”“以我的才智，无论上网遇到什么问题，我都能应付”），四级量表（1 = “完全不符合”，2 = “不太符合”，3 = “比较符合”，4 = “非常符合”）来测量，得分越高，表明受访者的网络自我效能感越强。

（5）社会支持：社会支持指个人得自于他人的精神、知识或物质上的援助。本研究从家庭支持、社区支持、网络支持三个方面来测量。得分越高，则表明其受到的社会支持越多。

四、描述性统计结果

（一）数据收集与描述性分析

问卷调查分两阶段进行。第一阶段发放 51 份有效前测问卷，对回收的问卷进行信度检验，问卷总体一致性良好，Cronbach's α 值为 0.893，具有较好的可靠性。研究者对各量表进行信度分析，各量表的 Cronbach's α 值均在 0.7 以上，表明问卷和量表设置比较合理。在效度方面，信息鉴别能力的量表效度 KMO 值为 0.787，批判思考意向和网络自我效能感的量表效度 KMO 值均在 0.7 以上。在此阶段，根据前测中受访者的反馈，调整了问卷中部分题项的表述，使一些题项的表述更准确。

第二阶段，本研究于 2019 年 3 月 9 日至 3 月 22 日在微信、QQ 空间等社交媒体平台发放收取 467 份问卷，剔除 11 份无效问卷，有效问卷为 456 份，有效问卷比率为 97.6%。

受访者中，男性有 141 人，占比 30.9%，女性有 315 人，占比 69.1%。在年龄方面，40—49 岁的受访者居多，占比 35.1%；教育背景上，拥有本科学历的受访者居多，占比 70%（见表 7-3）。

表 7-3　　样本基本情况

个体特征	类别	人数	百分比（%）
性别	男	141	30. 9
	女	315	69. 1
年龄	20 岁以下（不含 20 岁）	15	3. 3
	20—29 岁	130	28. 5
	30—39 岁	121	26. 5
	40—49 岁	160	35. 1
	50—59 岁	30	6. 6
学历	初中及以下	29	6. 4
	高中/中专	93	20. 4
	本科/大专	319	70. 0
	硕士及以上	15	3. 3

注：百分比的计算方法，取的是四舍五入。

调查发现，八成的受访者每日上网时间在 6 个小时以内，网龄在 5 到 10 年之间的受访者居多，占四成左右。在媒介使用类型方面，八成以上的受访者通过微信了解资讯，其次是新闻网站和电视（见表 7-4）。

表 7-4　　媒介接触情况

媒 介 接 触		人数	百分比（%）
每日上网时间	两小时以下	130	28. 5
	2—6 小时（不包括 6 小时）	234	51. 3
	6—12 小时（不包括 12 小时）	79	17. 3
	12 小时及以上	13	2. 9
	总计	456	100
网龄	5 年以下	54	11. 8
	5—10 年（包括 5 年，不包括 10 年）	180	39. 5
	10—15 年（包括 10 年，不包括 15 年）	132	28. 9
	15—20 年（包括 15 年，不包括 20 年）	74	16. 2
	20 年及以上	16	3. 5
	总计	456	100

续表

媒介接触		人数	百分比（%）
媒介使用类型	报纸	30	6.6
	电视	164	36.0
	博客	12	2.6
	微博	125	27.4
	微信	393	86.2
	QQ空间	101	22.1
	网络论坛	58	12.7
	新闻网站	233	51.1
	搜索引擎	2	0.4
	短视频	2	0.4

注：百分比的计算方法，取的是四舍五入；媒介使用类型为多选题，故百分比之和大于100%。

社会支持分为家庭支持、社区支持和网络支持，家庭支持指受访者是否与家人一起居住，社区支持指受访者是否接受过社区网络安全教育，网络支持则指受访者是否关注过事实核查平台的信息。这三大支持都有助于受访者在接收社交媒体上的信息时，提高警惕性，从而提高信息鉴别能力。

从调查结果来看，七成以上的受访者都与家人一起居住，只有两成的受访者经常关注事实核查类平台（如“全民较真”“谣言粉碎机”等辟谣平台），不到两成受访者参与社区网络宣传活动的频率达到“经常”及以上（见表7-5）。

表7-5 **社会支持调查情况**

类型	题项	类别	人数	百分比
家庭支持	您是否与家人一起居住？	是	345	75.7
		否	111	24.3
网络支持	您是否有关注事实核查类平台？	经常关注	98	21.4
		偶尔关注	133	29.1
		从不关注	225	49.5

续表

类型	题项	类别	人数	百分比
社区支持	您参与社区或工作单位的网络安全宣传活动的频率是？	从不	93	20.4
		偶尔	190	41.7
		有时	113	24.8
		经常	50	11.0
		只要有活动都会去	10	2.1

表 7-6　**社会支持均值、方差表**

变量		均值	方差	标准差	最大值	最小值
社会支持	家庭支持	1.241	0.183	0.428	1	2
	网络支持	1.243	0.185	0.430	1	2
	社会支持	2.33	0.982	0.991	1	5

（二）信度与效度分析

问卷总体一致性较好，Cronbach's α 值为 0.847。信息鉴别能力量表的 Cronbach's α 值是 0.859。批判思考意向量表和网络自我效能感量表的 Cronbach's α 值均在 0.7 以上，信度良好。

对问卷的几个主要量表进行效度分析发现，信息鉴别能力量表效度 KMO 值为 0.776，批判思考意向量表和网络自我效能感量表的效度 KMO 值均在 0.6 以上，说明该问卷的主要量表均能够准确测量变量。

1. 信息鉴别能力

本问卷共有 12 个信息鉴别能力问题。本研究采用因子分析法提取因子，并对各因子进行命名。

在因子分析之前，先进行 KMO 和巴特利特球形度检验，得出 KMO 值为 0.776，大于 0.5，巴特利特球形度检验显著性达到 0.000，说明量表适合作因子分析。

表 7-7 **各变量信效度、均值等**

变量		KMO	Cronbach's α	显著性	均值	方差	标准差	最大值	最小值
信息鉴别能力	信息鉴别能力	0.776	0.859	0.000	2.847	0.572	0.756	1	5
	从信息的权威时效性来鉴别	0.859	0.849	0.000	2.480	0.813	0.902	1	5
	从信息的内容丰富性来鉴别	0.607	0.675	0.000	3.138	0.725	0.851	1	5
	从社交关系来鉴别信息	0.500	0.781	0.000	2.940	1.077	1.038	1	5
批判思考意向		0.862	0.837	0.000	3.512	0.551	0.743	1.17	5
网络自我效能感		0.684	0.748	0.000	3.333	0.615	0.784	1	5

三个因子被命名为“能够鉴别信息的权威时效性”“能够鉴别信息的内容丰富性”“能够从社交关系来鉴别信息”，分别表示社交媒体用户鉴别信息的三种能力，解释如下：

（1）能够鉴别信息的权威时效性。该因子表明，用户会通过评价信息的权威性和时效性来衡量其是否可靠。该因子 KMO 值为 0.859，Cronbach's α 值为 0.849，信效度均高于 0.7，说明该量表可靠性和可信度较强，方差贡献率为 42.933%。共包含五个题项：“我会注意公众号的简介，了解公众号的运营机构”“我会搜索作者的名字，以确定作者的身份和资质”“我会注意文章引用的信息是否为专家发布”“我会注意公众号更新的频率”“我会注意文章的发布日期和修改日期”。

（2）能够鉴别信息的内容丰富性。该因子表明，用户在浏览信息过程中，会通过评估其内容是否丰富来衡量信息是否可靠。该因子特征值为 1.335，KMO 值为 0.607，Cronbach's α 值为 0.675，方差贡献率为 10.272%，包含三个题项：“我会注意文章是否有图片、视频等其他多种形式的信息作为佐证”“我会注意文章末尾的评论态度是否多样化”“我会注意文章内容的要素是否完整（要素指时间、地点等信息）”。

（3）能够从社交关系来鉴别信息。该因子表明，用户会通过平台内其他用户对待一信息的反应（如转发、评论等）来衡量该信息是否可靠。该因子特征值为 1.064，KMO 值为 0.5，Cronbach's α 值为 0.781，方差贡献率为 10.644%。包含两个题项：“我会注意朋友圈文章转发者的身份，然后再决定是否相信此文章提供的信息”“我会注意同一文章在朋友圈转发的频率，然后再决定是否相信此文章提供的信息”。

在社交媒体上，社交媒体用户能从信息的权威性、时效性、涵盖性以及依靠社会关系来判断信息的可靠与否。研究发现，有两个因子的均值大于2.5，另外一个因子“从信息的权威时效性来鉴别”的均值在2.5以下，可见，相比评估信息的权威时效性，社交媒体用户更能够评估信息的内容丰富性，并能够通过关注他人对信息的态度来进行信息的鉴别。

2. 批判思考意向和网络自我效能感

受访的社交媒体用户的批判思考意向总分为21.07（满分30），网络自我效能感总分为10（满分12），批判思考意向均值为3.512，网络自我效能感均值为3.333，说明受访者的批判思维能力和网络自我效能感良好（见表7-7）。另外对批判思考意向量表进行因子分析之后，发现只析出了一个因子。批判思考意向量表KMO值为0.862，Cronbach's α 为0.837；网络自我效能感量表KMO值为0.684，Cronbach's α 为0.748。两个量表的信效度值均大于0.6。

五、各影响因素与信息鉴别能力的统计分析

（一）个体特征与信息鉴别能力的差异分析

上面一部分通过因子分析得出了用户的三种信息鉴别能力：“能够鉴别信息的权威时效性”“能够鉴别信息的内容丰富性”“能够从社交关系来鉴别信息”。本部分将这三种能力作为因变量，以分析社交媒体用户个体特征、批判思考意向、网络自我效能感、社会支持作为自变量，考察自变量与因变量之间的关系。

1. 学历与信息鉴别能力的差异分析

本研究首先进行正态检验，发现各组数据均不符合正态分布，因此对所有变量进行Kruskal-Wallis H检验（Mann-Whitney U检验要求因变量为连续变量或等级变量，要求自变量为二分类的独立变量，且观察值之间相互独立，本分析所用数据满足此条件）。结果显示，P值均大于0.05（见表7-8），说明不同学历背景的用户在三种信息鉴别能力上没有显著差异。

表 7-8 学历——信息鉴别能力 Kruskal-Wallis H 检验结果

	权威时效	内容丰富	社交关系
卡方	2.487	5.518	2.079
渐近显著性	0.478	0.138	0.556

2. 年龄与信息鉴别能力的差异分析

表 7-9 信息鉴别能力年龄差异的 Kruskal-Wallis H 检验结果

	权威时效	内容丰富	社交关系
卡方	8.240	6.745	2.591
渐近显著性	0.083	0.150	0.628

研究者先将三种信息鉴别能力与受访者年龄进行正态性检验，发现各组数据均不符合正态分布，因此采用 Kruskal-Wallis H 检验来探究各变量之间的关系。研究结果显示，不同年龄段的用户在这三种信息鉴别能力上没有表现出显著差异。

综上，学历、年龄对社交媒体用户的信息鉴别能力无显著性影响，因此 H2a、H2b（学历正向影响社交媒体用户信息鉴别能力；年龄负向影响社交媒体用户信息鉴别能力）不成立。

（二）批判思考意向、网络自我效能感与信息鉴别能力的相关分析

当自变量为个体特征时，运用非参数检验探究其差异性。当自变量为批判思考意向、网络自我效能感、社会支持时，自变量与因变量之间的相关性研究发现，批判思考意向、网络自我效能感与信息鉴别的三种能力依次显著相关，且相关系数均为正，可认为批判思考意向越强、网络自我效能感越强的用户，越能够对信息的可靠性加以鉴别（见表 7-10）。因此假设 H2c（批判思考意向正向影响社交媒体用户的信息鉴别能力）和 H2d（网络自我效能感越强的社交媒体用户，信息鉴别能力越强）成立。

表 7-10　**相关分析**

变量关系	批判思考意向	网络自我效能感	社区支持	家庭支持	网络支持	内容丰富性	权威时效	社会关系
批判思考意向	1	0.445**	-0.010	0.060	0.065	0.554**	0.351**	0.452**
网络自我效能感	0.445**	1	-0.006	-0.017	0.016	0.336**	0.254**	0.190**
社区支持	-0.010	-0.006	1	0.146**	-0.136**	0.005	0.044	-0.009
家庭支持	0.060	-0.017	0.146**	1	-0.199**	-0.014	0.015	-0.011
网络支持	0.065	0.016	-0.136**	-0.199**	1	0.183**	0.174**	0.117*
内容丰富性	0.554**	0.336**	0.005	-0.014	0.183**	1	0.455**	0.412**
权威时效	0.351**	0.254**	0.044	0.015	0.174**	0.455**	1	0.598**
社会关系	0.452**	0.190**	-0.009	-0.011	0.117*	0.412**	0.598**	1

注：* 代表 $p<0.05$，** 代表 $p<0.01$，*** 代表 $p<0.001$。

（三）社会支持与信息鉴别能力的相关分析

本研究采用 Kendall's tau-b 相关探究社区支持、网络支持与信息鉴别能力的关系。结果显示（见表 7-10），社区支持与信息鉴别的三种能力正相关显著，说明参与社区网络安全活动越频繁的用户，越能够对社交媒体上的信息加以鉴别；网络支持与“能够鉴别信息的权威时效性”“能够从社交关系来鉴别信息”显著正相关，说明经常阅读事实核查类信息的用户更关注信息的权威时效性，并且更在意其他用户对同一信息的态度。

综上，假设 H2e（社会支持正向影响社交媒体用户的信息鉴别能力）成立，只有社区支持和网络支持对社交媒体用户的信息鉴别能力有正向影响，家庭支持的影响不显著。

六、结论与讨论

（一）用户较多地基于内容完整性、丰富性和社交关系进行信息鉴别

相比于评判信息的权威时效性，用户更多地从信息的内容出发对其进行评价，如关注文章中是否有图片、视频等其他形式的信息，文章内容的要素是否完整等。这和安德鲁·弗拉纳金（Andrew Flanagin）和米里亚姆·梅茨格（Miriam Metzger）的研究结果相似：用户更经常评价网站的涵盖性和客观性，却很少评价文章作者的权威性和文章时效性，总之用户更愿意尝试容易实践的信息鉴别方式，而拒绝费时费力的鉴别方式。① 在社交媒体中，评判信息的权威性（如核查文章作者的资质、公众号运营方的背景）需要付出更多时间和精力，并且文章发布时间、修改时间等信息都被标注在文章页面的边缘位置，用户在快速阅读时很难注意到这些信息，因此内容本身的丰富性成了用户判定信息可靠性的主要指标。但是令人担忧的是，用户最少使用的信息鉴别方式（如核查作者的资质）恰恰是验证信息最直接有效的方式。用户目前所使用的信息鉴别方式多大程度能够帮助用户进行虚假信息识别值得思考。

---

① METZGER M. Making sense of credibility on the web: Models for evaluating online information and recommendations for future research [J]. Journal of the American Society for Information Science and Technology, 2007 (13): 2078-2091.

此外，用户侧重通过社交平台的人际互动功能来验证其中的信息，如该文章的转发数、阅读量、评论数等，这使得人们不必过多花时间与精力去验证其内容。其中一个可能原因是人们倾向认可其他好友推荐的信息，这说明在社交媒体上人们常常相信并使用他人的判断来进行信息的核查。[①] 这一点提醒研究者和内容运营者需要善用社交媒体平台的互动功能来促成知识分享与社会学习，同时减少错误信息和各种谣言的误传。

（二）批判思考意向、网络自我效能感、社会支持正向影响用户的信息鉴别能力

批判思考意向、网络自我效能感越强的用户，信息鉴别能力越强。信息鉴别属于个人主观行为选择，用户的批判思考意向越强，则意味着他们更倾向以批判的、反思性的眼光看待周围事物，因此更倾向主动鉴别社交媒体上的信息；网络自我效能感越高，意味着用户越相信自己有能力自如地使用网络满足自己的需求，包括验证信息的需求，因此自我效能感越强的用户更愿意主动鉴别社交媒体上的信息。

相关分析发现，社区支持与用户信息鉴别能力正相关，说明社区、单位开展的网络安全教育有助于增强用户对待网络信息的警惕性，使用户更加谨慎地对待纷繁复杂的网络信息。此外，研究发现经常关注事实核查类平台的用户拥有更高的信息鉴别能力，事实核查类平台指的是腾讯“全民较真”公众号、果壳网“谣言粉碎机”等专门核查并纠正网络谣言的平台。长期阅读此类平台上的辟谣信息，用户就会倾向对网络信息持怀疑态度，这有助于增强用户鉴别虚假信息的能力。

（三）提高网民信息鉴别能力的建议

1. 建立综合信息鉴别网站，向网民推荐适宜的信息鉴别方法

研究结果显示，最适合社交媒体用户使用的信息鉴别方法应当满足简便、省时和清晰的需求，考虑到网民对不同类型信息的鉴别意愿不同，鉴别方法应当简明清晰。由于人们对高质量、可信度高的信息有强烈需求，媒体应当发布一些高质量信息鉴别清单，从而方便用户对照清单对信息进行鉴别。当有些用户对专业的、高质量的信息需求较大时，媒体可以有针

---

① METZGER M, FLANAGIN A J, MEDDERS R B. Social and heuristic approaches to credibility evaluation online [J]. Journal of Communication, 2010 (3): 413-439.

对性地介绍不同类型信息的鉴别方法。如对学生群体，可以指导他们如何找到高质量的新闻报道与专业领域的报道；对患者而言，需要帮助他们区分真正的医疗知识与广告等。

此外，一个综合信息鉴别网站的建立可以为网民提供不同类型的信息可信度评估指导，如辨别医疗和健康信息、商业信息、政治信息的可信度的方法等。同时，信息鉴别网站应当被广泛宣传，并且链接到几个流量大的“入口点”（如搜索引擎、微博热搜榜和政府网站等），让更多的用户能够了解到信息鉴别方法并且积极主动地使用它们。

2. 推动事实核查平台的发展

研究表明，关注事实核查平台的网民拥有更好的信息鉴别能力，人们对事实核查平台的关注有助于人们批判性地解读接收到的信息，从而具有较好的信息鉴别能力。以政治、经济、健康等领域有影响力的事实性言论或新闻报道为核查对象，对其公开发表或被记录在案的言论或报道中所声称的事实进行探究、核实并形成的新闻报道，被称为事实核查新闻。在我国，部分媒体与个人也进行了事实核查的尝试。例如微博联合公安部推出了“全国辟谣平台”，以 371 个网警巡查官微和各地公安局平安系列微博为主力，针对微博上的不实信息进行核查。科普网站果壳网推出了“谣言粉碎机”和“流言百科”对食品安全、医学健康等生活类的流言、传言进行核实。部分传统媒体也开设专栏针对争议新闻和网络谣言进行核实，如《人民日报》2011 年在要闻四版开设的“求证”栏目。然而这些实践仍未形成体系与规模，关于核查对象的类型选择、评判标准、核查机制等并没有系统规范的流程。①

提高用户的信息鉴别能力，可以从两个方面入手。其一，鼓励媒体机构、专门机构建立事实核查平台。其二，鼓励用户更多地关注事实核查新闻，通过各种方式提升此类信息的传播范围，从而有效地传播真实信息。

3. 加大网络安全知识的宣传力度

研究发现，社交媒体用户参与网络安全知识宣传活动的频次越高，其信息鉴别能力越强。这意味加大网络安全知识的科普力度，对用户进行媒介素养的培训，如提醒用户对手机电脑安装防火墙、定期查毒杀毒、不随

---

① 牛静，黄彩莉．事实核查新闻的创新实践及其评价［J］．新闻爱好者，2018（12）：8-11.

意点开网站红包、不随意点开陌生链接、在社交网站谨慎发布自己的个人信息、尽量在官方网站浏览资讯等。这些宣传都有助于提升用户在接收信息时的警惕性，从而使帮助用户对信息进行反复判断与鉴别。

（四）研究局限与展望

本研究让受访者选择“信息鉴别能力与批判思考意向、自我效能感、社会支持”中与自己相符的题项对影响用户信息鉴别能力的因素进行调查，探究其中的逻辑关联。但值得注意的是，影响用户信息鉴别能力的，除了批判思考能力、自我效能感、社会支持等因素外，还有更多的其他影响因素。如当用户对某一类信息有较高准确度方面的要求，或者该信息关乎其切身利益时，用户会对这类信息多加考虑，并运用较多的资源来处理和评估该信息及其来源。因此，影响用户信息鉴别能力的因素并不仅是个体特征、批判思考能力等，未来的研究也可以考虑用户获取信息的动机对其信息鉴别能力的影响。

第八章　短视频 App 用户信息伦理认知、态度与媒介回避行为研究：基于认知心理学的视角

一、引　言

随着通信技术的发展与移动终端的普及，短视频以其“短、平、快”的传播优势迅速占领互联网市场，用户数量与日俱增，成为互联网内容创业的新风口。但由于监管失守、利益驱使等，短视频屡屡踏入内容生产的禁区，衍生出一系列信息伦理失范问题。虚假信息、低俗色情信息、侵权等伦理失范现象日益突出，网络生态的健康发展受到威胁。2018 年 4 月起，短视频行业接受全面整改，快手、火山小视频等 App 被下架，内涵段子被永久关停，抖音的评论区也被关闭，国家相关部门的干预促使短视频行业开始自我审视。

短视频 App 用户是短视频内容生产与传播的主体，也是短视频信息伦理问题的源头。如要规范短视频行业的有序发展，关键在于唤醒用户的自律意识，而个体自律的实现与其认知与态度有着紧密联系，因此了解短视频 App 用户对伦理失范问题的认知、态度及应对伦理失范问题的行为反应具有一定的现实意义。

二、文献综述

（一）信息伦理认知研究

“信息伦理”一词最早由托马斯·柯尼希（Thomas Koenig）等人于

1981 年的《信息反思下的信息伦理》中提出，指以是非、善恶为标准，调整信息生产、传播与管理等信息活动中人与人之间关系的道德准则与规范。

在信息伦理认知研究中，多数研究基于新闻传播视角探讨新闻工作者对伦理争议行为的认知与态度。罗文辉、陈韬文等人发现，传统媒体新闻工作者认为免费馈赠、拉广告等兼职行为普遍存在，其对于消息来源赠送的现金与礼品接受度低，但对消息来源提供的免费旅游与餐饮接受度较高。① 陶建杰和张志安则发现，相对于传统媒体新闻记者，网络新闻工作者对免费旅游、大额现金等馈赠方式接受度较低，对非现金、低价值的馈赠和兼职行为相对宽容。② 信息技术的普及与发展不仅挑战了传统媒介伦理，也拓宽了传播伦理认知的研究范畴。有研究者开始将关注点转移到网络使用者身上，研究他们对自身网络使用行为伦理的认知与态度。③ 李月琳研究发现大学生对侵犯个人隐私与侵犯知识产权的行为认识模糊，虽然对于信息污染认知水平较高，但缺乏抵制不良信息的责任感。④ 可见，对伦理问题的普遍存在性认知与容忍度的探讨是研究者们关注的焦点之一。短视频 App 用户是短视频信息的接收者与传播者，关注他们对伦理问题的认知情况与态度有助于把握其潜在的道德立场。由此，本章提出以下问题：

Q1：短视频 App 用户认为短视频 App 中普遍存在的伦理问题有哪些？

Q2：短视频 App 用户对伦理问题的态度如何？

英国研究者柯斯特（Cust G）认为个体行为的发生需经历知识获取—态度形成—行为发生这一心理过程，由此提出知信行（Knowledge, Attitude and Practices, KAP）理论。“知”是对特定事物的认识与了解，“信”是对特定事物所产生的信念与态度，“行”即行动。三个要素间存在紧密联系，知识是行为发生的基础，态度是行为发生的动力。知信行模

① 罗文辉，陈文韬，潘忠党．大陆、香港与台湾新闻人员对新闻伦理的态度与认知［J］．新闻学研究，2001，68（7）：53-89.

② 陶建杰，张志安．网络新闻从业者职业伦理研究：以利益冲突为例［J］．国际新闻界，2013，35（9）：113-122.

③ TAYLOR L, MCMINN M R, BUFFORD R K, et al. Psychologists' attitudes and ethical concerns regarding the use of social networking web sites［J］. Professional Psychology: Research and Practice, 2010, 41（2）：153.

④ 李月琳，李颖，李昂．大学生网络信息伦理认知与影响因素研究［J］．情报资料工作，2014（2）：10-16.

型为本研究的变量构建提供了参考，本研究拟针对认知、态度与行为进行测量，并探究其内在的联系。由此提出研究问题：

Q3：短视频 App 用户的伦理认知、态度与行为间是否存在一定的内在联系？

（二）信息伦理认知、态度与回避行为研究

认知、态度与行为三者的概念来源于心理学，其中认知泛指包括知觉、注意、记忆、想像和思维等在内的一系列心理活动[①]，是个体对外界信息的符号解码与再编码的过程。在社会科学研究中，认知一般被量化为对某一具体事物的认识，包括对事物含义、产生原因及危害的基本认识、[②] 对事物普遍性存在的认识。[③④] 本研究参考相关研究，认知测量主要聚焦于普遍性认知。

态度一般指个体对某个对象（人或物）所持有的较为稳定、一致的心理和行为倾向，反应了个体对特定对象的好恶情感，是决定行为的潜伏动因。[⑤] 在社会科学研究中，态度一般被量化为对特定事物的满意度[⑥⑦]、支持倾向[⑧]或宽容度[⑨⑩]。本章将伦理态度测量聚焦于宽容度。

行为是个体对特定事物产生的行为意向或实际行动，在涉及认知、态

---

① 车文博. 当代西方心理学新词典［M］. 吉林：吉林出版社，2001：241.

② 王金营，马志越. 环境态度、雾霾认知对城市居民防护行为的影响——基于 KAP 理论模式［J］. 河北大学学报（哲学社会科学版），2019，44（1）：116-124.

③ 罗文辉，陈文韬，潘忠党. 大陆、香港与台湾新闻人员对新闻伦理的态度与认知［J］. 新闻学研究，2001，68（7）：53-89.

④ 陶建杰，张志安. 网络新闻从业者职业伦理研究：以利益冲突为例［J］. 国际新闻界，2013，35（9）：113-122.

⑤ 时蓉华. 社会心理学词典［M］. 四川：四川人民出版社，1988：11.

⑥ ZHANG S，ZHAO L，LU Y，et al. Do you get tired of socializing? An empirical explanation of discontinuous usage behaviour in social network services［J］. Information & Management，2016，53（7）：904-914.

⑦ WIRTH J，MAIER C，LAUMER S，et al. Drivers and consequences of frustration when using social networking services：a quantitative analysis of Facebook users［C］//Twenty-first Americas Conference on Information Systems，2015：1-14.

⑧ 曾宇容，王洁. 大学生绿色消费内在机理调查与研究［J］. 消费经济，2009，25（5）：56-59.

⑨ 罗文辉，陈文韬，潘忠党. 大陆、香港与台湾新闻人员对新闻伦理的态度与认知［J］. 新闻学研究，2001，68（7）：53-89.

⑩ 陶建杰，张志安. 网络新闻从业者职业伦理研究：以利益冲突为例［J］. 国际新闻界，2013，35（9）：113-122.

度、行为间三者关系的量化研究中，行为更多地被指向行为意向。[①②③] 当认知与态度锁定的事物是某类问题时，行为一般被量化为对特定问题的防卫行为或回避反应倾向。[④] 本研究将行为测量聚焦于用户对伦理失范问题的防卫或回避反应意向。

现有研究已证实认知对态度存在影响。张满杰（Man Kit Chang）指出，认知是控制态度的重要因素。[⑤] 罗文辉等人研究发现，在与“免费馈赠”“兼职”相关的行为中，新闻工作人员一般认为，越普遍的行为，在态度上也更容易被接受。[⑥] 由此，本研究提出：

H1：短视频 App 用户的伦理认知会正向影响其伦理态度，即当短视频 App 用户认为某一伦理失范问题越普遍，对这一问题的态度越宽容。

关于认知与行为意向间的验证研究较为丰富。[⑦⑧⑨] 王金营和马志越研究发现，个体对雾霾的认知度越高，对雾霾的防卫行为越积极。[⑩] 由此，本研究提出：

H2：短视频 App 用户的伦理认知会正向影响对短视频伦理失范问题的回避行为，即当短视频 App 用户认为某一伦理失范问题越普遍，对短视频 App 伦理失范问题的回避行为越积极。

---

① WIRTH J, MAIER C, LAUMER S, et al. Drivers and consequences of frustration when using social networking services: a quantitative analysis of Facebook users [C] //Twenty-first Americas Conference on Information Systems, 2015: 1-14.

② 刘婷，姜瑛 . App 软件的用户满意度模型研究 [J]. 信息技术，2019，(2)：14-18+24.

③ WIRTH J, MAIER C, LAUMER S, et al. Drivers and consequences of frustration when using social networking services: a quantitative analysis of Facebook users [C] //Twenty-first Americas Conference on Information Systems, 2015: 1-14.

④ 王金营，马志越 . 环境态度、雾霾认知对城市居民防护行为的影响——基于 KAP 理论模式 [J]. 河北大学学报（哲学社会科学版），2019，44（1）：116-124.

⑤ MAN K C. Predicting Unethical Behavior: A Comparison of the Theory of Reasoned Action and the Theory of Planned Behavior [J]. Journal of Business Ethics, 1998, 17 (16).

⑥ 罗文辉，陈文韬，潘忠党 . 大陆、香港与台湾新闻人员对新闻伦理的态度与认知 [J]. 新闻学研究，2001，68（7）：53-89.

⑦ 赵雪丽 . 基于 ABC 理论的网红经济下消费者态度影响因素研究 [D/OL]. 杭州：电子科技大学，2018. https://kns. cnki. net/KCMS/detail/detail. aspx? dbname = CMFD201901&filename = 1018252705. nh.

⑧ 王金营，马志越 . 环境态度、雾霾认知对城市居民防护行为的影响——基于 KAP 理论模式 [J]. 河北大学学报（哲学社会科学版），2019，44（1）：116-124.

⑨ ALAM M M, WAGNER C. " Facebook distress": A model to investigate discontinuation of social networking site use [C] //17th Pacific Asia Conference on Information Systems (PACIS 2013): Smart, Open and Social Information Systems. Pacific Asia Conference on Information Systems, 2013.

⑩ 王金营，马志越 . 环境态度、雾霾认知对城市居民防护行为的影响——基于 KAP 理论模式 [J]. 河北大学学报（哲学社会科学版），2019，44（1）：116-124.

理性行为理论（Theory of Reasoned Action，TRA）指出，态度是行为意向与行为产生的重要影响因素，个体的行为意向与行为的产生受制于个体对执行某一目标行为所持有的正面或负面的情感倾向。基于理性行为理论，许多研究者探讨态度对行为的影响机制。斯文·劳默（Sven Laumer）和克里斯蒂安·迈尔（Christian Maier）等人①②③发现当个体对某一社交媒体的态度越负面化，其停止使用该社交媒体的可能性就越高。王金营等人的研究也证明态度对行为产生显著影响，个体对环境的态度越正向，对雾霾的防卫行为越积极。④ 由此，本研究提出：

H3：短视频 App 用户对伦理失范问题的伦理态度会负向影响对短视频伦理失范问题的回避行为，即短视频 App 用户对伦理失范问题的宽容度越低，所做出的回避行为反应越积极。

理性行为理论认为，行为的产生路径之一是个体的认知与信念导致态度的形成，从而对行为意向与行为产生影响。这一结论与伦理接受模式相同。伦理决策模式指出，当个体在做出伦理决策时，会经历理解伦理议题、做出伦理判断、形成伦理态度、导向实际行为四个阶段。⑤ 上述理论实质上是将伦理认知与态度作为行为的解释性变量，并揭示了伦理认知、态度、行为三者间的内在逻辑关系。换言之，个体的认知可通过态度影响实际行为。相关研究中也佐证了这一点，白光林、李国昊研究发现，绿色消费认知会通过态度中介影响行为。⑥ 由此，本研究提出：

H4：伦理态度在伦理认知对回避行为的影响机制中表现出显著的中介作用。

---

① WIRTH J, MAIER C, LAUMER S, et al. Drivers and consequences of frustration when using social networking services: a quantitative analysis of Facebook users [C] //Twenty-first Americas Conference on Information Systems, 2015: 1-14.

② HINES J, HUNGERFORD H. Analysis and synthesisof research on responsible pro-environmental behavior: A meta-analysis [J]. The Journal of Environmental Education, 1986, 25 (1): 34-42.

③ ZHANG S, ZHAO L, LU Y, et al. Do you get tired of socializing? An empirical explanation of discontinuous usage behaviour in social network services [J]. Information & Management, 2016, 53 (7): 904-914.

④ 王金营，马志越．环境态度、雾霾认知对城市居民防护行为的影响——基于 KAP 理论模式 [J]. 河北大学学报（哲学社会科学版），2019，44（1）：116-124.

⑤ REST J R. Moral development: Advances in research and theory [M]. New York: Praeger, 1986: 224.

⑥ 白光林，李国昊．绿色消费认知、态度、行为及其相互影响 [J]. 城市问题，2012（9）：64-68.

三、研究设计

（一）问卷调查法

本研究采用问卷调查法，探究短视频 App 用户对短视频平台上虚假信息、不良信息、隐私侵犯、版权侵犯四类伦理失范问题的普遍性认知、态度（宽容度）与回避行为反应情况。2019 年 3 月 1 日至 3 月 6 日，笔者通过问卷星平台正式发放问卷，采用滚雪球抽样的方法，最终回收问卷 507 份，去除无效问卷 113 份，获得有效问卷 394 份，有效问卷率为 77.71%。

（二）变量测量

多数研究者指出，包含短视频平台在内的网络空间最为突出的伦理问题为虚假与不良信息（包括色情、暴力、血腥等信息）、隐私泄露与侵犯、版权侵犯。①②③ 本研究重点关注短视频 App 用户对这四类伦理失范问题的认知、态度及其回避行为。在认知态度研究中，一般先将特定议题概念化，再将其表述与态度量表结合进行测量。

1. 伦理认知与态度测量

参考罗文辉等人④与陶建杰等人⑤的伦理认知态度量表以及相关伦理法规，采用李克特五级量表考察被调查对象对题项（具体题项见表 8-1 及表 8-2 的同意程度，选项从“很不同意”到“很同意”依次赋 1、2、3、4、5 分）。

---

① 程前，沈丹妮，盛夏妍．移动短视频发展乱象及治理［J］．视听，2017（1）：118-119.

② 吕鹏，王明漩．短视频平台的互联网治理：问题及对策［J］．新闻记者，2018（3）：74-78.

③ 张承蒙，徐淑婷．网络社会治理中短视频平台乱象分析与消减策略［J］．新媒体研究，2018，4（17）：65-66+91.

④ 罗文辉，陈文韬，潘忠党．大陆、香港与台湾新闻人员对新闻伦理的态度与认知［J］．新闻学研究，2001，68（7）：53-89.

⑤ 陶建杰，张志安．网络新闻从业者职业伦理研究：以利益冲突为例［J］．国际新闻界，2013，35（9）：113-122.

表 8-1 伦理认知测量

变量	题项	题项来源
虚假信息认知	1. 有很多视频明显有内容是编造、失实的或是摆拍的 2. 有很多视频标题与内容不符或标题夸张 3. 有很多视频所使用的内容素材是未经核实的	罗文辉、陈韬文、潘忠党①；陶建杰、张志安②；新闻伦理规范；隐私权、著作权等相关的法律法规
不良信息认知	1. 有很多视频中含有带色情色彩的片段 2. 有很多视频中含有打架、受伤等暴力、血腥的镜头 3. 有很多视频中含有封建迷信的信息	
隐私侵犯认知	1. 很多视频含有偷拍他人日常生活的片段 2. 很多视频中拍摄到无关的路人，没有取得拍摄许可或没有进行后期马赛克处理 3. 很多视频中有公开自己或他人姓名、车牌号、家庭住址等个人信息的镜头	
版权侵犯认知	1. 有很多人转发或上传他人的视频内容没有标明出处或告知原作者 2. 有很多视频未标明出处就剪拼改编影视剧作品或他人视频成果	

表 8-2 伦理态度测量

变量	题项	题项来源
虚假信息态度	1. 在短视频创作时，编造部分内容或者部分内容失实的现象是可以接受的 2. 在短视频创作时，为了吸引关注可以允许标题与内容不符或标题夸张 3. 在短视频创作时，不经核实就使用部分视频素材或上传未经核实的视频片段是可以接受的	罗文辉、陈韬文、潘忠党③；陶建杰、张志安④；新闻伦理规范；隐私权、著作权等相关的法律法规

① 罗文辉，陈文韬，潘忠党. 大陆、香港与台湾新闻人员对新闻伦理的态度与认知［J］. 新闻学研究，2001，68（7）：53-89.

② 陶建杰，张志安. 网络新闻从业者职业伦理研究：以利益冲突为例［J］. 国际新闻界，2013，35（9）：113-122.

③ 罗文辉，陈文韬，潘忠党. 大陆、香港与台湾新闻人员对新闻伦理的态度与认知［J］. 新闻学研究，2001，68（7）：53-89.

④ 陶建杰，张志安. 网络新闻从业者职业伦理研究：以利益冲突为例［J］. 国际新闻界，2013，35（9）：113-122.

续表

变量	题　　项	题项来源
不良信息态度	1. 在短视频创作时，为了吸引关注发布带色情色彩的视频是可以接受的 2. 拍摄并上传他人打架等含有暴力、血腥的镜头是可以接受的 3. 在短视频创作时，内容中含有封建迷信信息是可以接受的	罗文辉、陈韬文、潘忠党；陶建杰、张志安；新闻伦理规范；隐私权、著作权等相关的法律法规
隐私侵犯态度	1. 在短视频创作时，不征求他人同意就拍摄他人的日常生活是可以接受的 2. 在短视频中，若拍到无关的路人时，不向路人取得拍摄许可或后期马赛克处理是可以接受的 3. 在短视频中，公开他人的姓名、肖像、车牌号等个人信息是可以接受的	
版权侵犯态度	1. 不征求原作者同意或标明出处就转发或上传他人的视频内容是可以接受的 2. 在短视频创作时，未标明出处就剪拼改编影视剧作品或他人视频成果是可以接受的	

2. 回避行为测量

参照李月琳等①人的量表，采用 4 个题项考察被调查对象看到伦理失范现象时的行为反应，题项分别为“当在短视频 App 上看到内容失实或标题夸大的视频时，您会怎么做?”“当在短视频 App 上看到内容带有色情、暴力、迷信色彩的视频时，您会怎么做?”“当在短视频 App 上看到未经允许就在视频中公开他人的私人信息等侵犯隐私的行为时，您会怎么做?”“当在短视频 App 上看到未标明出处转发他人的视频等侵犯版权的行为时，您会怎么做?”选项采用李克特五级量表，对“不加理会，继续使用”“取消对相关用户的关注或减少观看相关用户的视频作品”“留言制止相关用户，但继续使用该短视频 App”“留言制止相关用户，同时减少使用该短视频 App”“卸载该短视频 App”五个选项分别赋 1、2、3、

① 李月琳，李颖，李昂．大学生网络信息伦理认知与影响因素研究［J］．情报资料工作，2014（2）：10-16.

4、5 分。得分越高，说明对伦理失范问题的回避行为越强。

四、研究发现

本研究采用 SPSS 20.0 版本对问卷数据进行分析，通过对问卷的主要题项进行信度分析，发现 Cronbach's α 系数为 0.996，问卷的整体信度良好。

样本的构成如下：男性占 36.8%，女性占 63.2%。年龄上，18 岁以下占 5.58%；18—25 岁占 63.2%；26—30 岁占 19.29%；31—35 岁占 4.57%；36—40 岁占 4.82%；41 岁及以上占 2.54%。受教育程度上，初中及以下占 14.47%；高中占 5.33%；大学专科占 14.97%；大学本科占 48.22%；硕士研究生及以上占 17.01%。学历上，传媒类专业占 46.75%；文史哲类专业占 14.29%；经管类专业占 5.45%；理工类专业占 8.05%；农医类专业占 2.34%；其他占 23.12%。

（一）短视频 App 用户的伦理认知、态度与回避行为

由表 8-3 可知，受访者对虚假信息、不良信息、隐私侵犯与版权侵犯的普遍性认知均值分别为 3.9092、3.4606、3.6081、3.7099，说明受访者认为短视频 App 中含有虚假信息的现象最为普遍，之后依次为版权侵犯、隐私侵犯、不良信息。整体来看，四类伦理失范现象的普遍性认知均值都较高，说明短视频 App 用户认为这四类问题都普遍存在于短视频 App 中。

表 8-3　　伦理认知、态度与回避行为均值

	N	极小值	极大值	均值	标准差
虚假信息认知	393	1.33	5.00	3.9092	0.80634
不良信息认知	393	1.00	5.00	3.4606	0.92746
隐私侵犯认知	393	1.00	5.00	3.6081	0.90678
版权侵犯认知	393	1.00	5.00	3.7099	0.91184
版权侵犯态度	393	1.00	5.00	2.8639	1.16493
隐私侵犯态度	393	1.00	5.00	2.8719	1.18702
不良信息态度	393	1.00	5.00	2.8253	1.22983
虚假信息态度	393	1.00	5.00	3.2299	1.02133
回避行为	393	1.00	5.00	2.6107	0.81997
有效的 N（列表状态）	393	—	—	—	—

受访者对虚假信息、不良信息、隐私侵犯与版权侵犯的态度均值依次为 3.2299、2.8253、2.8719、2.8639，说明受访者对虚假信息的宽容度最高，对色情、低俗等不良信息的宽容度最低，但均值均大于 2.5，说明受访者对于这四类伦理失范问题都具有较高的宽容度。

受访者的回避行为均值为 2.6107，说明受访者在看到伦理失范现象时，会采取一定的行为进行回避，但对伦理失范问题的回避不算积极，做出减少使用软件或卸载软件等积极程度较高的回避行为的概率较小。

（二）伦理认知、态度与回避行为间的影响关系

本研究在控制年龄、性别、专业等人口统计学变量和 App 使用年限等媒介使用经验变量的基础上，探究伦理认知与态度、伦理认知与回避行为、伦理态度与回避行为间的关系。

由表 8-4 可知，伦理认知对伦理态度的回归系数（β = 0.274）为正数，说明伦理认知对伦理态度存在正向影响，验证了假设 H1。

表 8-4 伦理认知与态度的回归分析

控制变量		自变量	因变量：伦理态度	
			模型 1	模型 2
人口学因素	（常量）	—	2.667	1.690
	年龄		0.134	0.129
	性别		-0.382	-0.402
	受教育水平		-0.086	-0.085
	专业		0.091	0.096
	App 使用年限		0.126	0.116
	App 日均使用时长		0.216	0.228
—		伦理认知	—	0.274***
R^2			0.35	0.374

注：表格内为非标准化系数，* 代表 $p<0.05$，** 代表 $p<0.01$，*** 代表 $p<0.001$。

由表 8-5 可知，伦理认知与回避行为回归系数（β = 0.249）为正数，伦理认知对回避行为存在显著影响（$p<0.01$），说明伦理认知对回避行为存在正向影响，假设 H2 成立。

表 8-5　　　　伦理认知与回避行为的回归分析

控制变量		自变量	因变量：回避行为	
			模型 1	模型 2
人口学因素	（常量）	—	3. 182	2. 295
	年龄		0. 024	0. 019
	性别		0. 044	0. 025
	受教育水平		−0. 152***	−0. 152***
	专业		−0. 039	−0. 034
	App 使用年限		−0. 036	−0. 046
	App 日均使用时长		0. 004	0. 015
—		伦理认知	—	0. 249**
R^2			0. 037	0. 062

注：表格内为非标准化系数，* 代表 $p<0.05$，** 代表 $p<0.01$，*** 代表 $p<0.001$。

由表 8-6 可知，伦理态度对回避行为不存在影响（$p>0.05$），假设 H3 不成立。

表 8-6　　　　伦理态度与回避行为的回归性分析

控制变量		自变量	因变量：回避行为	
			模型 1	模型 2
人口学因素	（常量）	—	3. 182	3. 304
	年龄		0. 024	0. 030
	性别		0. 044	0. 026
	受教育水平		−0. 152***	−0. 156***
	专业		−0. 039	−0. 034
	App 使用年限		−0. 036	−0. 030
	App 日均使用时长		0. 004	0. 014
—		伦理态度	—	−0. 046
R^2			0. 037	0. 038

注：表格内为非标准化系数，* 代表 $p<0.05$，** 代表 $p<0.01$，*** 代表 $p<0.001$。

（三）伦理态度在伦理认知对短视频 App 用户回避行为的影响机制中的中介效应分析

基于上述数据回归分析结果，伦理认知对伦理态度与回避行为均存在显著影响，但是伦理态度对回避行为没有影响。为了探索伦理认知、伦理态度以及回避行为三者之间的关系，即伦理态度是否在伦理认知和回避行为之间发挥着中介作用，本章采用 SPSS 中的 PROCESS 插件进行分析，数据结果如表 8-7 所示。由表 8-7 可知，间接效应不显著，$p>0.05$，影响系数为-0.003，且偏差较正区间［-0.0291，0.010］包含 0，伦理态度在伦理认知对短视频 App 用户回避行为的影响机制中不发挥中介作用，H4 不成立。

表 8-7 **伦理态度中介效应分析**

	直接效应	间接效应	中介效应比	Bootstrapping Bias-Corrected 95%CI		P 值
				Lower	Upper	
伦理认知—伦理态度（a）	0.166*	-0.003		-0.0291	0.010	0.001
伦理态度—回避行为（b）	-0.021					
伦理认知—回避行为（c'）	0.247***					

注：* 代表 $p<0.05$，** 代表 $p<0.01$，*** 代表 $p<0.001$。

五、结论与讨论

（一）结论分析

本研究采用问卷调查法，探究了短视频 App 用户对虚假信息、不良信息、隐私侵犯、版权侵犯四类伦理失范问题的普遍性认知、态度（宽容度）与回避行为反应情况，研究发现如下。

第一，短视频 App 用户认为虚假信息、隐私侵犯、版权侵犯、不良信息这几种现象普遍存在于短视频 App 中，对这四类问题具有较高的宽容度，回答了研究问题 Q1 与 Q2。（1）用户对虚假信息宽容度高的可能原因是，用户认为短视频创造过程中的个人形象美化与信息要素失真是合理的创作手段，且夸张与失实可以增加短视频的趣味性与娱乐性，获取更多的关注量。（2）用户对隐私与版权侵犯的宽容度高一定程度上反映了用户隐私观念与版权意识的薄弱。其中隐私观念的淡薄一方面受到中国文化的影响，千年来中国社会的主要发展形态都是农耕社会，在有限、固定的物理空间内进行生产协作，很难保留个人空间与隐私，同时中国传统文化的价值取向为群体主义，缺乏个人观念，在保护自身隐私与尊重他人隐私方面缺乏历史传统。另一方面，大数据时代个人隐私被数据化，个人隐私数据的挖掘与共享不可避免，这使人们对个人隐私泄露的接受底线不断降低，隐私观念日渐开放，隐私意识在数据共享中被冲淡。① （3）版权意识的薄弱。首先，这与当前短视频著作权相关法律法规的不健全和不完善有关，版权法律法规的滞后导致侵权判定标准的模糊，公众无法准确得知何种行为是侵犯版权的行为。同时，国家对版权的普法工作进行得不够到位，也导致公众对版权保护的认知度偏低。其次，短视频创作的特性导致用户版权保护意识的模糊。抖音、快手等 App 上的短视频创作对拍摄、剪辑技巧的专业性要求较低，创作者一般只需简单地拍摄、剪辑一些镜头即可，创作方式的低难度导致大多数人并未将短视频视为作品，忽视了短视频的独创性，因而意识不到版权保护问题。此外，未意识到短视频版权的经济利益也是用户漠视版权保护的原因之一，虽然目前短视频行业发展迅速，用户数量不断上升，但短视频的流量变现机制仍不成熟，大多数人还未意识到短视频的点赞数以及带来的粉丝流量可为创作者带来经济利益。在缺乏清楚认知与现实利益驱动的情况下，用户难以形成强烈、正确的版权保护观念。

第二，短视频 App 用户对伦理失范问题的普遍性认知正向影响伦理态度，假设 H1 成立，部分回答了研究问题 Q3，说明当短视频 App 用户认为伦理失范问题越普遍存在时，他们的态度越宽容。事实上，这是“存在即合理”观念的体现。“存在即合理”来源于黑格尔提出的一个哲学命题：“凡是合乎理性的东西都是现实的，凡是现实的东西都是合乎理性的。”从字面意思上看，“存在即合理”似乎等同于凡是存在于现实世界的都是合理的，可为人们所接受。当短视频 App 用户认为短视频普遍存在伦理失范问题时，会倾向认为这些失范问题自有其存在的土壤，甚至

---

① 薛孚，陈红兵．大数据隐私伦理问题探究［J］．自然辩证法研究，2015，31（2）：44-48.

可能不认为这是问题，因而宽容度比较高。然而，如果世界上不合乎道德、错误的事物的存在都是合理的，所有不正当行为均可被理解，这显然是有违常理的。

第三，短视频 App 用户对伦理失范问题的普遍性认知正向影响对伦理失范问题的回避行为，假设 H2 成立，并部分回答了研究问题 Q3，即用户认为伦理失范问题越普遍，越趋向于采取回避行为。这说明短视频 App 用户对短视频内容有一定的价值判断。用户对频繁出现伦理失范问题的短视频 App 采取回避行为，一方面可能与伦理失范内容频繁出现冒犯了用户的伦理底线有关。短视频类型多样，不同类型的短视频内容中出现的伦理失范问题比例不一，如搞笑、猎奇类视频中易涉及不良信息，日常生活记录类视频易涉及隐私侵犯问题，影视混剪类视频易涉及版权侵犯问题。抖音、快手等短视频 App 主要基于算法进行内容推送，当用户点击观看了一个伦理失范的视频内容后，App 可能根据用户的观看记录继续推送类似视频，当用户看到的伦理失范视频越来越多时，其做出回避行为的可能性就越高。另一方面，短视频市场出现同质化现象，微视、抖音、美拍等多个 App 客户端可供用户使用，即不同的短视频 App 之间存在一定的可替代性。当用户发现所用的其中一个短视频 App 频繁出现伦理失范的短视频时，可以减少对该 App 的使用，转而使用其他的 App，这也是一种回避的行为。

第四，短视频 App 用户对伦理失范问题的态度与回避行为没有显著关系，假设 H3 不成立，并部分回答了研究问题 Q3。根据计划行为理论，除了态度与主观规范，感知的行为控制也会影响个体的行为意向与行为。所谓感知的行为控制指个体所感知的完成某一行为的难易程度以及便捷程度。当用户要在短视频 App 上采取回避行为（如取消关注、点击不感兴趣、举报等）时，需进行一定的操作，尤其是进行举报时，还需写明举报理由，一定程度上让用户感受到了采取回避行为的繁琐程度，因此即使用户对某一伦理失范问题无法容忍，也可能由于操作的繁琐程度而放弃采取相应的行为回避或制止。另一个可能的原因是，短视频 App 具有提供娱乐、展现生活的功能，观看短视频成为用户的习惯和刚需，即使短视频的伦理失范程度处于用户不可容忍的范围，用户也较少采取回避行为。

（二）对策探讨

在短视频行业中，治理信息伦理失范问题需要从以下方面入手。

加强“他律”。第一，短视频平台要加强监管力度，强化“机器+人工”的内容审核模式，组建专业团队审核短视频内容。同时提高用户的违规行为成本，实行黑名单制度，对屡次采取伦理失范行为的用户进行处理。第二，加强社会监督，短视频行业应建立和完善相应的投诉机制，提升投诉受理与处理的反应速度，促使公众更积极地参与到短视频的内容监督中。第三，媒体也要更加积极地行使监督的权利，调查并揭露短视频平台上的伦理失范现象，给予违规者以舆论震慑。

用户的“自律”是解决短视频伦理问题的重要举措，自律的前提是自知，促进短视频 App 用户对信息伦理失范问题形成正确的认知和态度是关键所在。访谈发现，用户极少会主动、自觉地学习短视频平台上传的使用行为规范，因此短视频平台需改变原本僵硬、刻板的伦理规范普及方式，以更为灵活、有趣的方式普及伦理知识。首先，平台可以将有关信息伦理与短视频使用规范的小知识内嵌在程序的启动页面上，强制用户在使用前浏览、学习相关知识，使用户在潜移默化中提高信息伦理认知。其次，可以借鉴哔哩哔哩的用户注册模式，即用户须提前学习弹幕发布的相关礼仪知识规范，通过网站的弹幕礼仪考试（合格分数为 60 分）方可成功注册，取得发布弹幕的权限。短视频 App 在用户注册前也可进行短视频信息伦理知识考核，以应试促使用户学习相关伦理规范，从而提高自身的信息伦理认知，明确短视频内容中哪些信息是违法或悖德的，并形成正确的伦理态度。最后，教育有助于形成正确的伦理态度，目前短视频 App 用户多为大学生与中学生，因此在学校中普及信息伦理教育尤为重要。当前大学的信息伦理教育主要针对新闻传播学领域的学生展开，但互联网时代人人皆是传播者，都肩负着促进信息有序传播的责任，因此应该将信息伦理教育课程向所有专业的学生开放，通过教育引导学生形成正确的信息伦理认知与态度。

（三）研究不足与未来展望

本研究的不足之处主要有以下两点。

第一，设计变量仅考虑了认知—态度—行为的影响路径，忽视了主观规范、感知的行为控制对行为意向与行为的影响路径。在认知因素的测量上，只考虑了普遍性认知这一维度，未设计用户对相关伦理准则及其内涵的基本认知，变量模型较为单一。

第二，在测量用户伦理认知与态度的影响因素时，只引入了性别、年龄、受教育程度、专业等人口统计学变量，在论述与解释个体特征对伦理认知与态度的影响时，数据材料较为单薄。

未来的研究可以在完善相关量表的基础上，纳入主观规范、感知的行为控制等变量，进而研究针对短视频伦理失范问题的回避行为的影响因素与机制，或探讨其他认知因素对信息伦理态度与回避行为的影响。

附录：调查问卷

一、《社交媒体隐私政策与用户自我表露的实证研究：一个被调节的中介模型》调查问卷

您好：

我们是“社交媒体使用行为研究”课题组，正在进行一项公众社交媒体使用行为研究，该研究主要是希望了解您使用社交媒体的情况和感受。

请您根据真实想法回答以下问题，我们将以匿名的方式处理这份问卷，本调查只作为学术研究使用，不做其他任何用途，感谢您在百忙之中抽出时间参与本次调查，谢谢您的理解与合作！

“社交媒体使用行为研究”课题组

填写说明：请您在符合您实际情况或真实想法的选项上打“✓”，如果没有符合的，请您在“其他______”这一选项的横线上填写您的真实想法或情况。

1. 您的性别：[单选题]

   A. 男

   B. 女

2. 您的年龄：[单选题]*

   A. 16—24 岁

   B. 25—34 岁

   C. 35—44 岁

   D. 45—54 岁

   E. 55 岁及以上

3. 您的学历：[单选题]*

A. 初中及以下

B. 高中/中专

C. 本科/大专

D. 硕士研究生

E. 博士研究生

4. QQ、微信、微博、抖音、快手等社交媒体中，您使用时间最长的社交媒体有多久了？[单选题]*

A. 1 年及以下

B. 1—5 年

C. 6—10 年

D. 11—20 年

E. 21 年及以上

5. 您现在每天使用不同类型社交媒体的总时长约是？[单选题]*

A. 1 小时以内

B. 1—3 小时

C. 4—6 小时

D. 7—10 小时

E. 11—12 小时

F. 12 小时以上

6. 您是否查看过社交媒体的隐私政策？[单选题]*

A. 是

B. 否

7. 在使用社交媒体过程中，您对如下情况的经历情况是怎么样的？[矩阵量表题]*

评分 题项	从来没有	偶尔	有时	经常	总是
我经历因社交媒体上的个人隐私信息（如个人照片、电话号码、地址定位、婚恋状态、生活状态、工作情况等信息）泄露而被广告骚扰的情况	○	○	○	○	○
我听到某社交媒体泄露个人隐私信息的新闻	○	○	○	○	○
我身边有朋友曾因在社交媒体上分享个人隐私信息而被广告骚扰	○	○	○	○	○

8. 关于社交媒体的隐私政策，您的感觉如何，请选择符合您情况的选项：[矩阵量表题]*

题项＼评分	非常不同意	不同意	一般	同意	非常同意
我认为隐私政策侧重于保护用户的隐私	○	○	○	○	○
我认为隐私政策是有效的	○	○	○	○	○
通过隐私政策，我相信社交媒体会对我的个人资料保密	○	○	○	○	○
我认为隐私政策是完善的，无需改进	○	○	○	○	○
我能够较好地理解隐私政策的内容	○	○	○	○	○
隐私政策中没有内容使我感到困惑	○	○	○	○	○
我认为隐私政策中没有我不懂的内容	○	○	○	○	○
我认为隐私政策没有使用令人难以理解或混淆的语言	○	○	○	○	○

9. 在使用社交媒体过程中，您的感受如何？请选择符合您情况的选项：[矩阵量表题]*

题项＼评分	非常不同意	不同意	一般	同意	非常同意
我认为社交媒体是可以信任的	○	○	○	○	○
我认为社交媒体会保护我的个人隐私信息	○	○	○	○	○
我认为社交媒体不会滥用我的个人隐私信息	○	○	○	○	○
我认为社交媒体会按照隐私政策内容如实履行义务和承担责任	○	○	○	○	○
我认为在社交媒体上分享的个人照片、家庭地址、婚恋状态是安全的	○	○	○	○	○

10. 对于社交媒体的隐私问题，请选择符合您情况的选项：[矩阵量表题]*

评分 题项	非常不同意	不同意	一般	同意	非常同意
我认为在社交媒体上提交个人信息具有危险性	○	○	○	○	○
在社交媒体中提交的个人信息有可能会被泄露	○	○	○	○	○
社交媒体过多地索取了我的个人隐私信息	○	○	○	○	○
我认为在社交媒体上提交的个人信息有可能会被不恰当地使用	○	○	○	○	○

11. 在社交媒体上发布个人照片、地址定位、婚恋状态、生活状态、工作情况等个人隐私信息时，您的感受如何？请选择符合您情况的选项：[矩阵量表题]*

评分 题项	非常不同意	不同意	一般	同意	非常同意
我认为在社交媒体上发布个人信息对我的生活是有用的	○	○	○	○	○
我认为在社交媒体上发布个人信息有助于塑造我良好的个人形象	○	○	○	○	○
在社交媒体上发布个人信息有利于帮助我增进与好友的关系	○	○	○	○	○
在社交媒体上发布个人信息有利于帮助他人更好地认识我	○	○	○	○	○

12. 在使用社交媒体时，您会进行怎么样的操作？请选择符合您情况的选项：[矩阵量表题]*

评分 题项	非常不符合	不符合	一般	符合	非常符合
我通常会在社交媒体中表露自己的个人信息，如个人照片、地址定位、婚恋状态等	○	○	○	○	○
我在朋友圈、微博、QQ 空间等社交媒体中留下了我的个人信息	○	○	○	○	○
我在社交媒体上分享了多种多样的个人话题	○	○	○	○	○
我在社交媒体上分享了如个人照片、地址定位或婚恋状态等信息	○	○	○	○	○
我不介意将我的个人信息放到社交媒体上	○	○	○	○	○

13. 您认为问卷题目的难度如何？[单选题]*

很难　○1　○2　○3　○4　○5　很简单

14. 您认为问卷的长度如何？[单选题]*

很长　○1　○2　○3　○4　○5　非常短

注：* 代表必答题。

二、《社会化算法推荐下青年人的隐私管理与媒体使用研究：个性化信息接受意愿与隐私关注的链式中介效应》调查问卷

您好：

我们是“社交媒体使用行为研究”课题组，正在进行一项公众社交媒体使用行为的调查，该研究主要是希望了解您使用社交媒体的情况和感受。

请您根据真实想法回答以下问题，我们将以匿名的方式处理这份问卷，本调查只作为学术研究使用，不做其他任何用途，感谢您在百忙之中抽出时间参与本次调查，谢谢您的理解与合作！

“社交媒体使用行为研究”课题组

填写说明：请您在符合您实际情况或真实想法的选项上打“✓”，如果没有符合的，请您在“其他______”这一选项的横线上填写您的真实想法或情况。

您是否使用过微博？[单选题]*

A. 是

B. 否（请跳至问卷末尾，提交答卷）

1. 您的性别：[单选题]*

A. 男

B. 女

2. 您的年龄：[单选题]*

A. 16—24 岁

B. 25—34 岁

C. 35—44 岁

D. 45—54 岁

E. 55 岁及以上

3. 您的学历：[单选题]*

A. 初中及以下

B. 高中/中专

C. 本科/大专

D. 硕士研究生及以上

4. 您使用微博有多久了？[单选题]*

A. 1 年及以下（请跳至问卷末尾，提交答卷）

B. 1—3 年

C. 4—6 年

D. 7—9 年

E. 10 年

5. 现在您每天使用微博的时长约是？[单选题]*

A. 1 小时以内

B. 1—3 小时

C. 4—6 小时

D. 7—10 小时

E. 11 小时以上

6. 请结合您的日常经历，您对下列表述的同意程度如何？请选择最符合您情况的选项：[矩阵单选题]*

评分 题项	非常不同意	不同意	比较不同意	一般	比较同意	同意	非常同意
微博可以根据我的微博使用行为给我推送个性化广告	○	○	○	○	○	○	○
微博不仅会收集还会分析我的个人信息及数据	○	○	○	○	○	○	○
我国法律禁止任何人恶意编撰和肆意传播从微博获取到的个人资料	○	○	○	○	○	○	○
我国法律规定收集匿名数据用于市场研究是合法的	○	○	○	○	○	○	○
我国法律禁止在未经明确同意的情况下反对收集、处理反映个人种族背景、政治见解、宗教信仰的数据	○	○	○	○	○	○	○
微博的隐私政策内容和微信的隐私政策内容不一样	○	○	○	○	○	○	○

续表

评分 / 题项	非常不同意	不同意	比较不同意	一般	比较同意	同意	非常同意
定期删除浏览历史记录、缓存和已保存的 Cookie 有利于保护个人隐私（注：Cookie 指某些网站为了辨别用户身份，进行跟踪而储存在用户本地终端上的数据，该数据通常经过加密，由用户客户端计算机暂时或永久保存）	○	○	○	○	○	○	○
不在微博上表露自己的任何信息是保护个人隐私的好方法	○	○	○	○	○	○	○

7. 关于微博的算法，您的感觉如何？请选择符合您情况的选项：[矩阵单选题]*

评分 / 题项	非常不同意	不同意	比较不同意	一般	比较同意	同意	非常同意
我能接受微博根据我的喜好和其他个人信息推送个性化信息	○	○	○	○	○	○	○
我能接受微博根据我的喜好和个人信息推荐其他微博用户给我	○	○	○	○	○	○	○
我能接受微博根据我的喜好和个人信息给我推送广告或其他服务	○	○	○	○	○	○	○

8. 在使用微博过程中，您会进行怎么样的操作？请选择符合您情况的选项：[矩阵单选题]*

评分 / 题项	非常不同意	不同意	比较不同意	一般	比较同意	同意	非常同意
在微博上谈论生活中的困难，我心理上会觉得很舒服	○	○	○	○	○	○	○

续表

题项＼评分	非常不同意	不同意	比较不同意	一般	比较同意	同意	非常同意
我喜欢在微博上讨论我的工作（或学习）中的烦恼	○	○	○	○	○	○	○
我在微博上会与现实生活中不认识的朋友分享信息	○	○	○	○	○	○	○
我更新微博的频率较高	○	○	○	○	○	○	○
我会限制在微博上发布的个人信息数量	○	○	○	○	○	○	○
当我在微博上发布个人敏感信息时，我会使用缩写或者匿名等方式	○	○	○	○	○	○	○
如果我认为我发布的信息太私密，一定时间后我会删除它	○	○	○	○	○	○	○
我因为害怕被人关注，所有很少蹭热点	○	○	○	○	○	○	○
看到他人的隐私信息后，我认为我应该保守这些信息	○	○	○	○	○	○	○
我会在微博上分享我的兴趣爱好，因为这样我可以结识到新朋友	○	○	○	○	○	○	○
我能够接受那些我不讨厌的人查看我的微博	○	○	○	○	○	○	○
我能够接受他人通过关键词搜索到我的微博	○	○	○	○	○	○	○
我会在微博上分享喜欢的文章链接、音乐链接或者学习链接等网页以便增加和朋友的互动	○	○	○	○	○	○	○

9. 关于微博上的隐私问题，请选择符合您情况的选项：［矩阵单选题］*

评分 题项	非常不同意	不同意	比较不同意	一般	比较同意	同意	非常同意
我担心注册微博时会泄露个人隐私	○	○	○	○	○	○	○
我在安装微博时会留意它的请求权限	○	○	○	○	○	○	○
我担心微博会收集太多我的个人信息	○	○	○	○	○	○	○
我担心使用微博时会泄露个人隐私	○	○	○	○	○	○	○
当我无法控制微博如何使用我的个人信息时，我会觉得很困扰	○	○	○	○	○	○	○

10. 在微博上发布个人照片、地址定位、婚恋状态、生活状态、工作情况等信息时，您的感受如何？请选择符合您情况的选项：［矩阵单选题］*

评分 题项	非常不同意	不同意	比较不同意	一般	比较同意	同意	非常同意
我认为微博可以帮助我获取到更多信息	○	○	○	○	○	○	○
我认为微博可以帮助我更好地与他人联系	○	○	○	○	○	○	○
我认为微博可以帮助我更好地融入群体	○	○	○	○	○	○	○
我认为发微博有利于帮助他人更好地认识我	○	○	○	○	○	○	○

注：＊代表必答题。

三、《社交媒体上公众的意见表达研究：基于意见气候与政治效能感的考量》调查问卷

您好：

我们是“社交媒体使用行为研究”课题组，正在进行一项关于公众在社交媒体上的意见表达及其影响因素的调查，该研究主要是希望了解您使用社交媒体的情况和感受。

请您根据真实想法回答以下问题，我们将以匿名的方式处理这份问卷，本调查只作为学术研究使用，不做其他任何用途，感谢您在百忙之中抽出时间参与本次调查，谢谢您的理解与合作！

“社交媒体使用行为研究”课题组

填写说明：请您在符合您实际情况或真实想法的选项上打“✓”，如果没有符合的，请您在“其他______”这一选项的横线上填写您的真实想法或情况。

1. 您最经常使用以下社交媒体中的哪一个（只选一个）

（注：本问卷所有问题中的社交媒体，以本题所选为准）

A. 微信

B. 微博

C. QQ

D. 其他（请注明）______

2. 您使用该社交媒体有多久了？

A. 1 年及以下

B. 1—3 年

C. 3—5 年

D. 5 年以上

3. 您每天花费在该社交媒体上的时间有多久？

A. 1 小时以下

B. 1—4 小时

C. 4—8 小时

D. 8—12 小时

E. 12 小时以上

4. 当您在社交媒体上看到以下几方面的议题时，您就议题发表意见或看法的频率是：

评分 题项	从不	偶尔	一般	经常	总是
政治议题	○	○	○	○	○
经济问题	○	○	○	○	○
文化娱乐	○	○	○	○	○
社会民生	○	○	○	○	○

5. 您对时政新闻的关注程度如何？

（注：此问卷中的“时政新闻”是指有关国家、政党的最新方针、政策、国内民主政治生活以及涉及国际政治、国际关系的报道）

A. 从不关注

B. 偶尔关注

C. 一般

D. 经常关注

E. 非常关注

6. 当看到时政新闻时，您会在社交媒体上做出以下表达行为的频率：

评分 题项	从不	偶尔	一般	经常	总是
就时政新闻发布自己的观点	○	○	○	○	○
转发与时政新闻相关的文章、视频或观点	○	○	○	○	○
对别人就时政新闻发表的观点进行评论	○	○	○	○	○
给时政新闻点赞	○	○	○	○	○
不参与表达	○	○	○	○	○

7. 当看到时政新闻时，您在社交媒体上最经常表达的情绪是：

A. 认可

B. 赞赏

C. 质疑

D. 不满

E. 怨恨

F. 冷漠

G. 其他（请注明）______

8. 您认为时政新闻的重要性如何？

A. 完全不重要

B. 不太重要

C. 一般

D. 比较重要

E. 非常重要

9. 您认为时政新闻与您的工作和生活的相关程度如何？

A. 非常小

B. 比较小

C. 一般

D. 比较大

E. 非常大

10. 对于时政新闻所报道的事件，您觉得自己的看法与下述对象的一致性为：

题项＼评分	基本一致	比较一致	一般	不太一致	差别很大
与主流媒体的观点	○	○	○	○	○
与现实生活中绝大多数人的观点	○	○	○	○	○
与周围的朋友、同学、亲戚的观点	○	○	○	○	○
与社交媒体上多数网友们的观点	○	○	○	○	○

11. 对于以下描述，您的同意程度分别如何？

题项＼评分	非常不同意	比较不同意	一般	比较同意	非常同意
发现别人排斥我的观点时，我会担心被孤立	○	○	○	○	○
发现与大多数人意见不一致时，我尽量避免去争论	○	○	○	○	○

续表

题项＼评分	非常不同意	比较不同意	一般	比较同意	非常同意
我喜欢和别人争论那些有争议的话题	○	○	○	○	○
我会因为害怕别人不同意我的观点而避免和别人交谈	○	○	○	○	○
在平时的生活中，我尽力避免与人争论	○	○	○	○	○

12. 对于以下描述，您的同意程度为：

题项＼评分	非常不同意	比较不同意	一般	比较同意	非常同意
当我看到时政新闻时，我觉得自己能够很好地理解其中的信息	○	○	○	○	○
我有能力对社会问题的解决或者政府决策提出建设性的意见	○	○	○	○	○
我在社交媒体所发表的意见会受到重视	○	○	○	○	○
我在社交媒体所发表的意见有助于推动事件或者问题的解决	○	○	○	○	○
我在社交媒体所发表的意见能够影响政府或权力部门的决策	○	○	○	○	○

13. 您的性别：

A. 男

B. 女

14. 您的年龄：

A. 20 岁及以下

B. 21—30 岁

C. 31—40 岁

D. 41—50 岁

E. 50 岁以上

15. 您的受教育程度：

A. 初中及以下

B. 高中/中专/技校

C. 大学专科或同等学力

D. 本科或同等学力

E. 研究生及以上

16. 您的职业：

A. 党政机关公务员

B. 事业单位人员与专业技术人员

C. 企业管理人员

D. 企业普通职员

E. 私营企业主、个体户及小雇主

F. 自由职业者

G. 农民

H. 学生

I. 未从事工作

J. 其他______

17. 您的个人年均收入：

A. 3 万元以下

B. 3~6 万元

C. 6~10 万元

D. 10~15 万元

E. 15~30 万元

F. 30~50 万元

G. 50 万元以上

18. 您目前工作或学习所在的城市为：________

19. 您的政治面貌：

A. 共产党员（含预备党员）

B. 民主党派人士

C. 共青团员

D. 普通群众

E. 其他（请注明）______

四、《不同群体对网络游戏规制的支持意向研究：基于政治信任与风险感知的考量》调查问卷

您好：

我们是“社交媒体使用行为研究”课题组，正在进行一项公众支持政府规制网络游戏的意向的调查，该研究主要是希望了解您支持政府规制网络游戏的情况和感受。

请您根据真实想法回答以下问题，我们将以匿名的方式处理这份问卷，本调查只作为学术研究使用，不做其他任何用途，感谢您在百忙之中抽出时间参与本次调查，谢谢您的理解与合作！

“社交媒体使用行为研究”课题组

填写说明：请您在符合您实际情况或真实想法的选项上打“✓”，如果没有符合的，请您在“其他______”这一选项的横线上填写您的真实想法或情况。

第一部分　基本情况

1. 您的性别是？

A. 男性

B. 女性

2. 您的年龄是？

A. 18—25 岁

B. 26—45 岁

C. 46—60 岁

D. 60 岁以上

3. 您的学历是？

A. 小学

B. 初中

C. 高中

D. 本科

E. 硕士研究生

F. 博士研究生

4. 您的婚姻状况？
   A. 未婚
   B. 已婚
5. 您的生育状况？
   A. 未育（跳过第 6 题）
   B. 已育（接第 6 题）
6. 您孩子的年龄？
   A. 6 岁以下
   B. 6—12 岁
   C. 12—18 岁
   D. 18 岁以上
   E. 未知

第二部分　观点和选择

1. 请您按照自己的实际情况，选择相应的选项。

评分 题项	非常不同意	不同意	一般	同意	非常同意
我相信政府出台的法律法规规定网络游戏公司对游戏玩家进行实名制是合理的	○	○	○	○	○
我相信政府出台的法律法规规定网络游戏公司限制未成年玩家的使用时长是合理的	○	○	○	○	○
我相信政府出台的法律法规对违规的网络游戏进行下架或罚款等处罚是合理的	○	○	○	○	○
我相信政府出台的法律法规对网络游戏的色彩、画面、音效等内容进行审查是合理的	○	○	○	○	○
我相信政府部门对网络游戏内容上线前采取的审查和规范措施，可以有效地过滤掉网络游戏里的不良内容（如色情、暴力）	○	○	○	○	○

续表

评分 题项	非常不同意	不同意	一般	同意	非常同意
我相信政府部门要求网络游戏公司进行游戏实名制，可以有效地防止未成年人过度使用	○	○	○	○	○
我相信政府部门对网络游戏检查和处罚，可以有效地规范网络游戏的内容	○	○	○	○	○
我相信政府部门对违规网络游戏公司进行的处罚是有力的	○	○	○	○	○

2. 当我看到媒体报道使用网络游戏的负面新闻时（如过度使用网络游戏造成猝死、使用网络游戏造成的财产损失、模仿网络游戏内容造成的犯罪和人身伤害等）：

评分 题项	非常不同意	不同意	一般	同意	非常同意
我会与家庭成员交流	○	○	○	○	○
我会与亲戚交流	○	○	○	○	○
我会与朋友交流	○	○	○	○	○
我会与同事/同学交流	○	○	○	○	○

3. 请您按照自己的实际情况，选择相应的选项。

评分 题项	非常不同意	不同意	一般	同意	非常同意
我会与他人讨论关于过度使用网络游戏造成猝死的媒体报道	○	○	○	○	○
我会与他人讨论关于使用网络游戏造成财产损失的媒体报道	○	○	○	○	○
我会与他人讨论关于模仿网络游戏内容造成犯罪的媒体报道	○	○	○	○	○

续表

评分 题项	非常不同意	不同意	一般	同意	非常同意
我会与他人讨论关于模仿网络游戏内容造成人身伤害的媒体报道	○	○	○	○	○

4. 请您按照自己的实际情况，选择相应的选项。

评分 题项	非常不同意	不同意	一般	同意	非常同意
我认为玩网络游戏会浪费时间	○	○	○	○	○
我认为玩网络游戏会浪费金钱	○	○	○	○	○
我认为玩网络游戏会影响工作或学习	○	○	○	○	○
我认为玩网络游戏会影响家庭和睦	○	○	○	○	○
我认为玩网络游戏会影响身体健康	○	○	○	○	○

5. 请您按照自己的实际情况，选择相应的选项。

评分 题项	非常不同意	不同意	一般	同意	非常同意
我愿意支持政府部门对网络游戏内容进行上线前的审查	○	○	○	○	○
我愿意支持政府部门加大对网络游戏内容违规行为的处罚力度	○	○	○	○	○
我愿意支持政府部门要求网络游戏公司加强对未成年人的保护	○	○	○	○	○
我愿意支持政府部门对网络游戏内容进行的不定期检查	○	○	○	○	○
我愿意支持政府部门对网络游戏场所（网吧）进行的不定期检查	○	○	○	○	○
我愿意支持政府部门对网络游戏进行严格的管理	○	○	○	○	○

五、《微博上公众的意见表达影响因素研究：基于议题属性的角度》调查问卷

您好：

我们是“社交媒体使用行为研究”课题组，正在进行一项公众在微博上的意见表达行为与议题属性的调查，该研究主要是希望了解您使用社交媒体的情况和感受。

请您根据真实想法回答以下问题，我们将以匿名的方式处理这份问卷，本调查只作为学术研究使用，不做其他任何用途，感谢您在百忙之中抽出时间参与本次调查，谢谢您的理解与合作！

“社交媒体使用行为研究”课题组

填写说明：请您在符合您实际情况或真实想法的选项上打“✓”，如果没有符合的，请您在“其他______”这一选项的横线上填写您的真实想法或情况。

1. 您是否经常使用微博？[单选题]*

A. 随时

B. 经常

C. 一般

D. 偶尔

E. 从不（请跳至问卷末尾，提交答卷）

2. 您的性别：[单选题]*

A. 男

B. 女

3. 您的年龄段：[单选题]*

A. 18 岁以下

B. 19—26 岁

C. 27—36 岁

D. 37—46 岁

E. 46—60 岁

F. 60 岁以上

4. 您的受教育水平：[单选题]*

A. 初中及以下

B. 高中或中专毕业

C. 大学专科

D. 大学本科

E. 硕士研究生及以上

5. 您目前从事的职业：[单选题]*

A. 事业单位工作人员（含公务员）

B. 企业单位工作人员

C. 个体经营者

D. 自由职业

E. 学生

F. 未从事工作

G. 其他______

6. 您的个人月收入：[单选题]*

A. 无收入

B. 1500 元以下

C. 1501~3000 元

D. 3001~5000 元

E. 5001~10000 元

F. 10000~20000 元

G. 20000 元以上

7. 您的政治面貌：[单选题]*

A. 共产党员（含预备党员）

B. 民主党派人士

C. 共青团员

D. 普通群众

E. 其他______

8. 您目前所在的省份：______ [填空题]

9. 看到以下新闻时，您想在微博上发表意见吗？[矩阵量表题]*

题项＼评分	非常不想	比较不想	一般	比较想	非常想
女子在连锁酒店受到陌生男子袭击	○	○	○	○	○
男大学生勇敢跳水救人	○	○	○	○	○

续表

题项＼评分	非常不想	比较不想	一般	比较想	非常想
某位官员由于贪污数千万被举报	○	○	○	○	○
习近平主席点赞了二十几位清廉实干的官员	○	○	○	○	○

10. 当看到宣扬好人好事等社会积极面的报道时，您在微博上做出以下表达行为的次数：[矩阵量表题] *

题项＼评分	非常少	比较少	一般	比较多	非常多
发布自己的观点	○	○	○	○	○
转发与自己观点相同的文章	○	○	○	○	○
对别人的观点进行评论	○	○	○	○	○
点赞	○	○	○	○	○
沉默	○	○	○	○	○

11. 当看到涉及坑蒙拐骗等涉及社会阴暗面的报道时，您在微博上做出以下表达行为的次数：[矩阵量表题] *

题项＼评分	非常少	比较少	一般	比较多	非常多
发布自己的观点	○	○	○	○	○
转发与自己观点相同的文章	○	○	○	○	○
对别人的观点进行评论	○	○	○	○	○
点赞	○	○	○	○	○
沉默	○	○	○	○	○

12. 当看到赞颂官员清正廉洁等时政新闻的正面报道时，您在微博上做出以下表达行为的次数：[矩阵量表题] *

题项 \ 评分	非常少	比较少	一般	比较多	非常多
发布自己的观点	○	○	○	○	○
转发与自己观点相同的文章	○	○	○	○	○
对别人的观点进行评论	○	○	○	○	○
点赞	○	○	○	○	○
沉默	○	○	○	○	○

13. 当看到涉及官员腐败等时政新闻的负面报道时，您在微博上做出以下表达行为的次数：[矩阵量表题] *

题项 \ 评分	非常少	比较少	一般	比较多	非常多
发布自己的观点	○	○	○	○	○
转发与自己观点相同的文章	○	○	○	○	○
对别人的观点进行评论	○	○	○	○	○
点赞	○	○	○	○	○
沉默	○	○	○	○	○

14. 您对以下事件感兴趣的程度：[矩阵量表题] *

题项 \ 评分	非常小	比较小	一般	比较大	非常大
宣扬好人好事等社会积极面的事件	○	○	○	○	○
涉及坑蒙拐骗等社会阴暗面的事件	○	○	○	○	○
赞颂官员清正廉洁等时政新闻的正面报道	○	○	○	○	○
涉及官员腐败等时政新闻的负面报道	○	○	○	○	○

15. 您认为以下事件与您个人的生活和个人利益的相关程度：[矩阵量表题] *

题项＼评分	非常小	比较小	一般	比较大	非常大
宣扬好人好事等社会积极面的事件	○	○	○	○	○
涉及坑蒙拐骗等社会阴暗面的事件	○	○	○	○	○
赞颂官员清正廉洁等时政新闻的正面报道	○	○	○	○	○
涉及官员腐败等时政新闻的负面报道	○	○	○	○	○

16. 您认为您对以下事件中的信息的了解程度：[矩阵量表题] *

题项＼评分	非常不了解	比较不了解	一般	比较了解	非常了解
宣扬好人好事等社会积极面的事件	○	○	○	○	○
涉及坑蒙拐骗等社会阴暗面的事件	○	○	○	○	○
赞颂官员清正廉洁等时政新闻的正面报道	○	○	○	○	○
涉及官员腐败等时政新闻的负面报道	○	○	○	○	○

17. 对于以下描述，您的同意程度：[矩阵量表题] *

题项＼评分	非常不同意	比较不同意	一般	比较同意	非常同意
当媒体报道宣扬好人好事等社会积极面的事件时，我的态度与周围的朋友、同学、亲戚等人的态度是一致的	○	○	○	○	○
当媒体报道涉及坑蒙拐骗等社会阴暗面的事件时，我的态度与周围的朋友、同学、亲戚等人的态度是一致的	○	○	○	○	○
当媒体发布赞颂官员清正廉洁等时政新闻的正面报道时，我的态度与周围的朋友、同学、亲戚等人的态度是一致的	○	○	○	○	○
当媒体发布涉及官员腐败等时政新闻的负面报道时，我的态度与周围的朋友、同学、亲戚等人的态度是一致的	○	○	○	○	○

18. 对于以下描述，您的同意程度：[矩阵量表题]*

评分 题项	非常 不同意	比较 不同意	一般	比较 同意	非常 同意
当媒体报道宣扬好人好事等社会积极面的事件时，我的态度与微博上多数网友的态度是一致的	○	○	○	○	○
当媒体报道涉及坑蒙拐骗等社会阴暗面的事件时，我的态度与微博上多数网友的态度是一致的	○	○	○	○	○
当媒体发布赞颂官员清正廉洁等时政新闻的正面报道时，我的态度与微博上多数网友的态度是一致的	○	○	○	○	○
当媒体发布涉及官员腐败等时政新闻的负面报道时，我的态度与微博上多数网友的态度是一致的	○	○	○	○	○

19. 对于以下描述，您的同意程度：[矩阵量表题]*

评分 题项	非常 不同意	比较 不同意	一般	比较 同意	非常 同意
关于媒体所报道的宣扬好人好事等社会积极一面的事件，我能很好地理解其中的信息	○	○	○	○	○
关于媒体所报道的涉及坑蒙拐骗等社会阴暗面的事件，我能很好地理解其中的信息	○	○	○	○	○
关于媒体赞颂官员清正廉洁等时政新闻的正面报道，我能很好地理解其中的信息	○	○	○	○	○
关于媒体发布的涉及官员腐败等时政新闻的负面报道，我能很好地理解其中的信息	○	○	○	○	○

20. 对于以下描述，您的同意程度：[矩阵量表题] *

评分 题项	非常不同意	比较不同意	一般	比较同意	非常同意
在微博上我所发表的意见有助于推动事件或问题的解决	○	○	○	○	○
在微博上我所发表的意见能影响政府或权力部门的决策	○	○	○	○	○
在微博上我所发表的意见有助于改善社会的不良风气	○	○	○	○	○

21. 对于以下描述，您的同意程度：[矩阵量表题] *

评分 题项	非常不同意	比较不同意	一般	比较同意	非常同意
在发帖或回复前，我通常会考虑会不会对我的个人隐私造成潜在的风险	○	○	○	○	○
当我的意见与大多数人不一致时，我一般都是以匿名的方式发表意见	○	○	○	○	○
当我的意见与大多数人一致时，我一般都以真实身份（实名）发表意见	○	○	○	○	○
针对涉及官员腐败等时政新闻发表意见时，我会担心被官方调查，而选择小心发言	○	○	○	○	○
针对一般社会新闻，比如好人好事或坑蒙拐骗事件时，我觉得官方不会过多关注我的言论，因此发言比较放松	○	○	○	○	○

22. 对于以下描述，您的同意程度：[矩阵量表题] *

评分 题项	非常不同意	比较不同意	一般	比较同意	非常同意
我相信我们的政府是全心全意为人民服务的	○	○	○	○	○
我相信我们的政治制度能保障我们的基本权利	○	○	○	○	○

续表

评分 / 题项	非常不同意	比较不同意	一般	比较同意	非常同意
我相信我国公民能受到公正的对待	○	○	○	○	○
我个人的命运与国家的命运是联系在一起的	○	○	○	○	○
我认为我属于中国这一集体	○	○	○	○	○

注：* 代表必答题。

六、《知乎社区公众的意见表达研究：基于匿名功能的视角》调查问卷

您好：

我们是“社交媒体使用行为研究”课题组，正在进行一项关于用户在社交媒体中匿名的表达行为的调查，该研究主要是希望了解您使用社交媒体的情况和感受。

请您根据真实想法回答以下问题，我们将以匿名的方式处理这份问卷，本调查只作为学术研究使用，不做其他任何用途，感谢您在百忙之中抽出时间参与本次调查，谢谢您的理解与合作！

“社交媒体使用行为研究”课题组

填写说明：请您在符合您实际情况或真实想法的选项上打“✓”，如果没有符合的，请您在“其他______”这一选项的横线上填写您的真实想法或情况。

1. 您的性别：

A. 男

B. 女

2. 您的年龄：

A. 20 岁及以下

B. 21—30 岁

C. 31—40 岁

D. 41—50 岁

E. 50 岁以上

3. 您的受教育程度：

A. 初中及以下

B. 高中/中专/技校

C. 大学专科或同等学力

D. 本科或同等学力

E. 研究生及以上

4. 您的职业：

A. 学生

B. 公职人员（含公务员和除教师外的事业单位人员）

C. 教师

D. 企业管理人员

E. 工人（含农民工）

F. 农民

G. 个体户

H. 其他______

5. 社交媒体中，在可以使用匿名的情况下，您在意见表达时是否会使用匿名：

A. 是

B. 否

C. 视情况而定

6. 当前您是否感到个人信息安全受到威胁：

A. 是

B. 否

7. 您认为在社交媒体中使用匿名进行意见表达是否可以有效保障您的个人信息安全：

A. 是

B. 否

8. 您认为是否应该对网络言论领域进行实名制监管：

A. 应该，这样会督促个人对自己的表达更加负责

B. 不应该，违背了网络空间的“匿名属性”

C. 说不清楚

9. 您认为国家是否应当出台规范网络匿名使用规范的相关文件：

A. 应该，合理的规范是言论自由的保障

B. 不应该，会束缚个人自由的意见表达

C. 说不清楚

10. 您是否使用知乎这一社交平台：

A. 是

B. 否（结束问卷）

11. 您过去一段时间使用知乎的大致频率为：

A. 1~2 次/周

B. 3~4 次/周

C. 5~6 次/周

D. ≧7 次/周

12. 您是否了解知乎的匿名功能：

A. 是

B. 否

13. 您是否使用过知乎的匿名功能：

A. 是

B. 否

14. 在何种情况下，您会选择使用知乎的匿名功能（至多选 3 项）：

A. 在我认为个人隐私安全存在威胁时

B. 在我担心引起超出自身承受范围的多方关注时

C. 在我与大多数人的观点不同时

D. 在我害怕遭到打击报复时

E. 在我对所反映的问题没有绝对的把握时

F. 其他______

15. 在知乎平台中，您对匿名用户回答的答案的信任程度是：

A. 完全不相信

B. 不相信

C. 视情况而定

D. 相信

E. 完全相信

16. 在知乎平台中，您对有实名认证的回答者的答案的信任程度是：

A. 完全不相信

B. 不相信

C. 视情况而定

D. 相信

E. 完全相信

17. 在知乎平台中，您对获得赞同或感谢数量较多的回答者的答案的信任程度是：

A. 完全不相信

B. 不相信

C. 视情况而定

D. 相信

E. 完全相信

18. 您认为匿名表达者对自己所发表的言论的负责程度如何：

A. 完全不负责

B. 不负责

C. 一般

D. 负责

E. 十分负责

19. 您认为实名表达者对自己所发表的言论的负责程度如何：

A. 一点也不负责

B. 不负责

C. 一般

D. 负责

E. 十分负责

20. 您认为在知乎平台上使用匿名功能产生的最主要的积极影响是（限选一项）：

A. 保障了更自由的意见表达环境

B. 规避了暴露真实身份的风险

C. 满足了窥视他人的乐趣

D. 个人可以更自由地表达真实意见

E. 其他______

21. 您认为在知乎平台上使用匿名功能产生的最主要的消极影响是：

A. 对不当言论的追究困难

B. 发言者不负责任

C. 意见庞杂，有损舆论环境

D. 其他______

22. 如果您是知乎的管理员，您希望其他用户使用匿名功能的频率多少为好：

A. 从不使用

B. 偶尔使用

C. 适中使用

D. 经常使用

E. 总是使用

23. 如果您是知乎用户，您希望其他用户使用匿名功能的频率多少为好：

A. 从不使用

B. 偶尔使用

C. 适中使用

D. 经常使用

E. 总是使用

七、《社交媒体使用中的信息鉴别能力研究：基于批判思考意向与社会支持的考量》调查问卷

您好：

我们是“社交媒体使用行为研究”课题组，正在进行一项公众在社交媒体上的信息鉴别行为探究的调查，该研究主要是希望了解您使用社交媒体的情况和感受。

请您根据真实想法回答以下问题，我们将以匿名的方式处理这份问卷，本调查只作为学术研究使用，不做其他任何用途，感谢您在百忙之中抽出时间参与本次调查，谢谢您的理解与合作！

“社交媒体使用行为研究”课题组

填写说明：请您在符合您实际情况或真实想法的选项上打“✓”，如果没有符合的，请您在“其他______”这一选项的横线上填写您的真实想法或情况。

（一）媒介接触情况（时间、媒介类型、网龄）

1. 您平均每天的上网时间是多久？

A. 2 小时以下

B. 2—6 小时（不包括 6 小时）

C. 6—12 小时（不包括 12 小时）

D. 12 小时及以上

2. 您经常用于获取信息的媒介有（最多选 3 项）：

A. 报纸

B. 电视

C. 博客

D. 微博

E. 微信

F. QQ 空间

G. 网络论坛

H. 新闻网站

I. 其他______

3. 您的网龄：

A. 20 年及以上

B. 10—20 年（包括 10 年，不包括 20 年）

C. 5—10 年（包括 5 年，不包括 10 年）

D. 5 年以下

（二）信息鉴别能力

当您阅读公众号上的文章时，您通常会：

评分 题项	不会	很少	有时候	常常	总是
我会注意文章内容的要素是否完整（要素指时间、地点等信息）	○	○	○	○	○
我会注意文章是否有图片、视频等其他多种形式的信息作为佐证	○	○	○	○	○
我会注意文章末尾的评论态度是否多样化	○	○	○	○	○
我会验证文章内部或末尾的链接是否有效	○	○	○	○	○
我会搜索作者的名字，以确定作者的身份和资质	○	○	○	○	○
我会注意公众号的简介，了解公众号的运营机构	○	○	○	○	○
我会注意文章引用的信息是否为专家发布	○	○	○	○	○
我会注意公众号更新的频率	○	○	○	○	○
我会注意文章的发布日期和修改日期	○	○	○	○	○
我会注意文章末尾的评论是否有及时更新	○	○	○	○	○
我会注意朋友圈文章转发者的身份，然后再决定是否相信此文章提供的信息	○	○	○	○	○
我会注意同一文章在朋友圈转发的频率，然后再决定是否相信此文章提供的信息	○	○	○	○	○

（三）批判思考意向

在上网中遇到如下情况时，您通常会：

评分 题项	不会	很少	有时候	常常	总是
在阅读一则新闻时，我会先思考该新闻是否可信	○	○	○	○	○
对于新近发生的争议性事件，我尝试去了解其来龙去脉	○	○	○	○	○

续表

评分 题项	不会	很少	有时候	常常	总是
在网络讨论中（如在微博、贴吧、论坛中），我试着去尊重他人的观点	○	○	○	○	○
当证据不足时，我会暂缓对争议性事件作出判断	○	○	○	○	○
我尝试去了解一些网上新出现的观点或概念	○	○	○	○	○
当有足够的证据显示我的观点有所偏颇时，我会立即修正我的观点	○	○	○	○	○

（四）网络自我效能感（请选择最符合您实际情况的一项）

评分 题项	完全不符合	不太符合	比较符合	非常符合
1. 只要我努力，我就能学会各种网络操作	○	○	○	○
2. 有麻烦的时候，我能够利用网络找到应对方法	○	○	○	○
3. 以我的才智，无论上网遇到什么问题，我都能应付	○	○	○	○

（五）社会支持

1. 您是否与家人一起居住？

A. 否

B. 是

2. 您参与社区或工作单位的网络安全宣传活动的频率是？（包括参加或观看网络安全知识宣讲会、宣传片、展览、网络安全知识竞赛等）

A. 从不

B. 偶尔

C. 有时

D. 经常

E. 只要有活动都会去

3. 您是否有关注事实核查类平台？（如“全民较真”公众号、果壳网“谣言粉碎机”等辟谣平台）

A. 从不关注

B. 偶尔关注

C. 经常关注

（六）个体特征

1. 您的性别是：

A. 男

B. 女

2. 您的年龄是：

A. ≤20 岁

B. 21—29 岁

C. 30—39 岁

D. 40—49 岁

E. 50—59 岁

F. 60—69 岁

G. 70 岁及以上

3. 您的学历：

A. 初中及以下

B. 高中/中专

C. 本科/大专

D. 硕士研究生及以上

八、《短视频 App 用户信息伦理认知、态度与媒介回避行为研究：基于认知心理学的视角》调查问卷

您好：

我们是“社交媒体使用行为研究”课题组，正在进行一项短视频用户信息伦理认知、态度及媒介回避行为的调查，该研究主要是希望了解您使用社交媒体的情况和感受。

请您根据真实想法回答以下问题，我们将以匿名的方式处理这份问卷，本调查只作为学术研究使用，不做其他任何用途，感谢您在百忙之中抽出时间参与本次调查，谢谢您的理解与合作！

“社交媒体使用行为研究”课题组

填写说明：请您在符合您实际情况或真实想法的选项上打“✓”，如果没有符合的，请您在“其他______”这一选项的横线上填写您的真实想法或情况。

您是否正在使用或使用过短视频 App？（短视频 App 包括但不限于：抖音、快手、秒拍、美拍、火山小视频、西瓜视频等）

A. 是（继续回答）　　　　B. 否（停止回答）

（一）基本信息及媒介使用情况

1. 您的年龄：

A. 18 岁以下

B. 18—25 岁

C. 26—30 岁

D. 31—35 岁

E. 36—40 岁

F. 41 岁及以上

2. 您的性别：

A. 男

B. 女

3. 您的受教育水平：

A. 初中及以下

B. 高中或中专毕业
C. 大学专科
D. 大学本科
E. 硕士研究生及以上

4. （上一题选择 C \ D \ E 的回答）您目前所读的专业属于：
A. 传媒类
B. 文史哲类
C. 经管类
D. 理工类
E. 农医类
F. 教育、艺术、军事类
G. 其他专业

5. 截至目前，您的网龄：
A. 3 年以下
B. 3—5 年
C. 5—7 年
D. 7—9 年
E. 9 年以上

6. 您平均每天上网的时间为：
A. 3 小时以下
B. 3—5 小时
C. 5—7 小时
D. 7—9 小时
E. 9 小时以上

7. 截至目前，您使用短视频 App（如抖音、快手、微视等）已有：
A. 1 年以下
B. 1—3 年
C. 3—5 年
D. 5 年以上

8. 您平均每天使用短视频 App 的时间：
A. 1 小时以下
B. 1—3 小时
C. 3—5 小时
D. 5 小时以上

（二）伦理认知、态度情况

1. 当前抖音、快手等短视频 App 上存在含有有害信息或者不良传播行为的现象：

A. 完全没有

B. 比较少

C. 一般

D. 比较多

E. 非常多

2. 当前抖音、快手等短视频 App 上存在的伦理问题主要有（最多选 2 项）：

A. 摆拍、虚假信息多

B. 色情、媚俗信息多

C. 视频恶搞尺度大，猎奇内容多

D. 暴力、血腥信息多

E. 偷拍他人

F. 大量公开个人信息

G. 内容雷同

H. 语言暴力（使用侮辱性词汇）

下列题目是想了解您使用短视频 App 时的心理情况，答案没有对错之分，请您选择符合您实际情况的选项。

3. 在抖音、快手、秒拍等短视频 App 上，我认为：［矩阵量表题］

评分 / 题项	完全不同意	比较不同意	一般同意	比较同意	完全同意
1. 有很多视频明显有内容是编造、失实的或是摆拍的	○	○	○	○	○
2. 有很多视频标题与内容不符或标题夸张	○	○	○	○	○
3. 有很多视频所使用的内容素材是未经核实的	○	○	○	○	○
4. 在短视频创作时，编造部分内容或者部分内容失实的现象是可以接受的	○	○	○	○	○
5. 在短视频创作时，为了吸引关注可以允许标题与内容不符或标题夸张	○	○	○	○	○

续表

评分 / 题项	完全不同意	比较不同意	一般同意	比较同意	完全同意
6. 在短视频创作时，不经核实就使用部分视频素材或上传未经核实的视频片段是可以接受的	○	○	○	○	○

4. 在抖音、快手、秒拍等短视频 App 上，我认为：[矩阵量表题]

评分 / 题项	完全不同意	比较不同意	一般同意	比较同意	完全同意
1. 有很多视频中含有带色情色彩的片段	○	○	○	○	○
2. 有很多视频中含有打架、受伤等暴力、血腥的镜头	○	○	○	○	○
3. 有很多视频中含有封建迷信的信息	○	○	○	○	○
4. 在短视频创作时，为了吸引关注发布带色情色彩的影片是可以接受的	○	○	○	○	○
5. 拍摄并上传他人打架等含有暴力、血腥的镜头是可以接受的	○	○	○	○	○
6. 在短视频创作时，内容中含有封建迷信息是可以接受的	○	○	○	○	○

5. 在抖音、快手、秒拍等短视频 App 上，我认为：[矩阵量表题]

评分 / 题项	完全不同意	比较不同意	一般同意	比较同意	完全同意
1. 很多视频含有偷拍他人日常生活的片段	○	○	○	○	○
2. 很多视频中拍摄到无关的路人没有进行后期马赛克处理或没有说明取得拍摄许可	○	○	○	○	○
3. 很多视频中都有公开自己或他人姓名、车牌号、家庭住址等个人信息的镜头	○	○	○	○	○
4. 在短视频创作时，不征求他人同意就拍摄他人的日常生活是可以接受的	○	○	○	○	○

续表

题项 \ 评分	完全不同意	比较不同意	一般同意	比较同意	完全同意
5. 在短视频中，若拍到无关的路人不向路人取得拍摄许可或后期马赛克处理是可以接受的	○	○	○	○	○
6. 在短视频中，公开自己或他人的姓名、肖像、车牌号等个人信息是可以接受的	○	○	○	○	○

6. 抖音、快手、秒拍等短视频 App 上，我认为：[矩阵量表题]

题项 \ 评分	完全不同意	比较不同意	一般同意	比较同意	完全同意
1. 有很多人转发或上传他人的视频内容没有标明出处或告知原作者	○	○	○	○	○
2. 有很多视频未标明出处就剪拼改编影视剧作品或他人视频成果	○	○	○	○	○
3. 不征求原作者同意或标明出处就转发或上传他人的视频内容是可以接受的	○	○	○	○	○
4. 在短视频创作时，未标明出处就剪拼改编影视剧作品或他人视频成果是可以接受的	○	○	○	○	○

7. 当您在短视频 App 上看到内容失实或者标题夸大的视频时，您会：

A. 不加理会，继续使用

B. 取消对相关用户的关注或减少观看相关用户的视频作品

C. 留言提醒或举报相关用户，但继续使用该短视频 App

D. 留言提醒或举报相关用户，同时减少使用该短视频 App

E. 卸载该短视频 App

8. 当您在短视频 App 上看到内容带有有色情、暴力、迷信色彩的视频时，您会：

A. 不加理会，继续使用

B. 取消对相关用户的关注或减少观看相关用户的视频作品

C. 留言提醒或举报相关用户，但继续使用该短视频 App

D. 留言提醒或举报相关用户，同时减少使用该短视频 App

E. 卸载该短视频 App

9. 当您在短视频 App 上看到未经允许就在视频中公开他人的私人信息等侵犯隐私行为，您会：

A. 不加理会，继续使用

B. 取消对相关用户的关注或减少观看相关用户的视频作品

C. 留言提醒或举报相关用户，但继续使用该短视频 App

D. 留言提醒或举报相关用户，同时减少使用该短视频 App

E. 卸载该短视频 App

10. 当您在短视频 App 上看到随意模仿或直接照搬他人视频创意等侵犯了他人版权的行为，您会：

A. 不加理会，继续使用

B. 取消对相关用户的关注或减少观看相关用户的视频作品

C. 留言提醒或举报相关用户，但继续使用该短视频 App

D. 留言提醒或举报相关用户，同时减少使用该短视频 App

E. 卸载该短视频 App。

参考文献

1. Andreas M. Kaplan, Michael Haenlein. Users of the world, unite! The challenges and opportunities of Social Media [J]. Business Horizons, 2010, 53 (1): 59-68.

2. Anne Sophie Cases. Perceived risk and risk-reduction strategies in Internet shopping [J]. International Review of Retail Distribution & Consumer Research, 2002, 12 (4): 375-394.

3. Alice Lee, Clement So. Media Literacy and Information Literacy: Similarities and Differences [J]. Comunicar, 2014 (1): 137-145.

4. Andrew Flanagin, Miriam Metzger. The role of site features, user attributes, and information verification behaviors on the perceived credibility of web-based information [J]. New Media & Society, 2007 (4): 319-342.

5. Baxter, L. A. & Montgomery, B. M. Relating: Dialogues and dialectics [D]. New York: Guilford, 1996.

6. Balch, G. Multiple indicators in survey research: The concept "sense of political efficacy" [J]. Political Methodology, 1974, 1 (2): 1-43.

7. Barnes. S. A privacy paradox: social networking in the unitedstates [J]. Peer-Reviewed Journal on the Internet, 2006, 11 (2): 1-6.

8. Choi, Yoon Hyung & Bazarova, Natalya N. Self-Disclosure Characteristics and Motivations in Social Media: Extending the Functional Model to Multiple Social Network Sites [J]. Human Communication Research, 2015, 41: 480-500.

9. Clark, R. A., & Delia, J. G. Topoi and rhetorical competence [J]. Quarterly Journal of Speech, 1979, 65: 187-206.

10. Cozby P C. Self-disclosure: A LiteratureReview [J]. Psychological Bulletin, 1973, 79 (2): 73-91.

11. Cho, Seung Ho. Effects of Motivations and Gender on Adolescents'

Self-Disclosure in Online Chatting [J]. Cyber Psychology & Behavior, 2007 (3): 339-345.

12. Debatin B, Lovejoy J. P, Horn A. -K, Hughes B. N. Facebook and online privacy: Attitudes, behaviors, and unintended consequences [J]. Journal of Computer-Media Communication, 2010, 15: 83-108.

13. David Buckingham. Media Education: Literacy, Learning, and Contemporary Culture [M]. Cambridge: Polity Press, 2003.

14. Granovetter M S. The strength of weak ties [J]. American Journal of Sociology, 1973, 78 (6): 1360-1380.

15. Glynn, Hayes, Shanahan. Perceived Support for One's Opinion and Willingness to Speak Out: A Meta-analysis of Survey Studies on the Spiral of Silence [J]. The Public Opinion Quarterly, 1997, 61: 452-463.

16. Joinson, A. N., Woodley, A., & Reips, U. D. Personalization, authentication and self-disclosure in self-administered Internet surveys [J]. Computers in Human Behavior, 2007, 23 (1): 275-285.

17. Jourard S M. The transparent self (2 nd ed.) [M]. Tokyo: Litton Educational Publishing, Inc, 1971.

18. Jourard S M, Lasakow P. Some factors in self-disclosure [J]. Journal of Abnormal and Social Psychology, 1958, 56: 91-98.

19. Jarvenpaa, S. L, Todd, P. A. Consumer reactions to electronic shopping on the world wide web [J]. International Journal of Electronic Commerce, 1996, 1 (2): 59-88.

20. Janet Alexander, Marsh Ann Tate. Web Wisdom: How to Evaluate and Create Information Quality on the Web [M]. Mahwah, New Jersey: Laurence Erlbraum Associates, 1999.

21. Kristin Page Hocevar, Andrew Flanagin, Miriam Metzger. Social media self-efficacy and information evaluation online [J]. Computers in Human Behavior, 2014, 39: 254-262.

22. Leung, L. College student motives for chatting on ICQ [J]. New Media & Society, 2001 (3): 483-500.

23. Livingstone S. Taking risky opportunities in youthful content creation: Teenagers use of social networking sites for intimacy, privacy and self-expression [J]. New Media & Society, 2008, 10 (3): 393-411.

24. Lars Willnat, Waipeng Lee & Benjamin H. Detenber. Individual-level

predictors of public outspokenness [J]. International Journal of Public Opinion Research, 2002, 14: 391-412.

25. Miyazaki, Fernandez. Consumer perception of privacy and security risks for online shopping [J]. Journal of Consumer Affairs, 2001, 35: 27-44.

26. Miriam Metzger. Making sense of credibility on the web: Models for evaluating online information and recommendations for futureresearch [J]. Journal of the American Society for Information Science and Technology, 2007, 13: 2078-2091.

27. Mirei Takashima. Self-expression through brand and consumption choices: examining cross-cultural differences [D]. Los Angeles: University of California at Los Angeles, 2016.

28. Oshagan, H. Reference group influence on opinion expression [J]. International Journal of Public Opinion Research, 1996 (8): 335-354.

29. P C Cosby. Self-disclosure: A Literature Review [J]. Psychological Bulletin, 1973, 79 (2): 78.

30. Patricia. W. The psychology of theInternet [M]. Beijing: China Light Industry Press, 2001.

31. Pin Luarn, Ai-Yun Hsieh. Speech or silence: The effect of user anonymity and member familiarity on the willingness to express opinions in virtual communities [J]. Online Information Review, 2014, 38 (7): 895-881.

32. Rubin, Rebecca B., & Perse, Elizabeth M., & Barbato, Carole A. conceptualization and measurement of interpersonal communication motives [J]. Human Communication Research, 1988, 14: 602-628.

33. Stone R N, Gronhaug K. Perceived risk: Further considerations for the marketing discipline [J]. European Journal of Marketing, 1993, 27 (3): 39-50.

34. Sherice Gearhart, Weiwu Zhang. "Was It Something I Said?" "No, It Was Something You Posted!" A Study of the Spiral of Silence Theory in Social Media Contexts [J]. Cyberpsychology, Behavior, and Social Networking, 2015, 18: 208-213.

35. 阿道司·赫胥黎. 美丽新世界 [M]. 王波, 译. 重庆: 重庆出版社, 2005.

36. 楚亚杰, 张瑜, 金兼斌. 当代大学生意见表达渠道的选择偏好

[J]. 青年探索，2016（4）：59-65.

37. 崔蕴芳，沈浩．“面子”与“沉默的螺旋”——一种检验和探索[J]. 现代传播（双月刊），2005（6）：49-52.

38. 蔡骐，李玲．信息过载时代的新媒介素养[J]. 现代传播，2013（9）：120-124.

39. 陈旭辉，柯惠新．网民意见表达影响因素研究——基于议题属性和网民社会心理的双重视角[J]. 现代传播，2013（3）：117-122.

40. 董秀文．大学生网络信息辨析力培养模型设计与应用研究[D]. 西南大学，2015.

41. 顾萱．微博中草根意见领袖的另类表达研究——以“作业本”为例[D]. 安徽大学，2014.

42. 侯颗，李梦冉．大学生在社交媒体上的自我表露情况探究——对比分析人人网、微信[J]. 传播与版权，2015（6）：107-109.

43. 何享．网络自我表露心理探析——以微信朋友圈为例[J]. 镇江高专学报，2016（3）：113-116.

44. 黄天立．环境因素对大学生朋友圈自我表露动机和内容的影响研究[D]. 广西大学，2016.

45. 黄李明．微博实名制后的自我表露意愿研究——基于使用者特性及感知风险视角[J]. 现代商业，2012（18）：279-280.

46. 赫尔巴特．教育学讲授纲要[M]. 李其龙，译．参见赵荣昌，张济正．外国教育论著选，南京：江苏教育出版社，1990.

47. 蒋索．国外自我表露研究述评[J]. 心理科学进展，2008（1）：114-123.

48. 焦开山．孤独感与移动互联网使用——以大学生微信使用为例[J]. 青年研究，2016（4）：19-28.

49. 卢峰．媒介素养之塔：新媒体技术影响下的媒介素养构成[J]. 国际新闻界，2015（4）：129-141.

50. 李林英，陈会昌．大学生自我表露的调查研究[J]. 心理发展与教育，2004（3）：62-67.

51. 李林英等．自我表露与心理健康[M]. 北京：北京理工大学出版社，2008.

52. 李天龙，李小红．微信传播特征探析[J]. 现代教育技术，2015（5）：37-42.

53. 李良荣．新闻学概论[M]. 上海：复旦大学出版社，2011.

54. 李书甜．新媒介环境下受众对新闻信息的负面偏好解读［J］．新闻研究导刊，2016（10）：15-16.

55. 林羿妏，陈昭秀．大专院校生的批判思考意向与Facebook特性对其信息验证行为的影响［J］．台湾科技大学人文社会学报，2012（1）：17-36.

56. 林成龙．打破沉默的螺旋——社交媒体用户的意见表达研究［J］．中国网络传播研究，2014（8）：34-58.

57. 刘砚议．微信朋友圈中的“印象管理”行为分析［J］．新闻界，2015（3）：58-61.

58. 刘力锐．论我国网络民意的特征与政府回应［J］．求实，2009（6）：66-69.

59. 雷晓艳．事实核查的国际实践：逻辑依据、主导模式和中国启示［J］．新闻界，2018（12）：12-17.

60. 廖圣清．上海市民的意见表达及其影响因素研究［J］．新闻大学，2010（2）：41-49.

61. 马燕．社交媒体语境下“沉默的螺旋”理论之调适［J］．青年记者，2016（6）：20-21.

62. 马歇尔·麦克卢汉，特伦斯·戈登．理解媒介［M］．何道宽，译．南京：译林出版社，2011.

63. 梅尔文·德弗勒，鲍尔-洛奇．大众传播学理论［M］．杜力平，译．台北：台湾五南图书出版公司，1991.

64. 聂丽萍．大学生网络聊天中的自我表露、应对方式与孤独感的关系研究［D］．苏州：苏州大学，2009.

65. 聂玉波．论微博意见表达的价值取向和社会效应［D］．长春：东北师范大学，2012.

66. 聂磊，傅翠晓，程丹．微信“朋友圈”：社会网络视角下的虚拟社区［J］．新闻记者，2013（5）：73.

67. 牛梦妍．微信“朋友圈”中大学生的自我表露及其动机研究［J］．新媒体与社会，2015（1）：246-258.

68. 牛静，黄彩莉．事实核查新闻的创新实践及其评价［J］．新闻爱好者，2018（12）：8-11.

69. 尼尔·波兹曼．娱乐至死［M］．章艳，译．桂林：广西师范大学出版社，2011.

70. 欧文·戈夫曼．日常生活中的自我呈现［M］．杭州：浙江人民出版社，1989.

71. 彭兰．数字媒体传播概论［M］．北京：高等教育出版社，2011.

72. 申琦．自我表露与社交网络隐私保护行为研究——以上海市大学生的微信移动社交应用（App）为例［J］．新闻与传播研究，2015（4）：5-17.

73. 田卉．基于SNS网络的自我表露实证研究［J］．当代传播，2013（6）：75-78.

74. 田卉，柯惠新．网络环境下的舆论形成模式及调控分析［J］．现代传播，2010（1）.

75. 魏春梅，盛小平．弱关系与强关系理论及其在信息共享中的应用研究综述［J］．图书馆，2014（4）：18 -21.

76. 吴信训，陈辉兴．构建和谐的公共话语空间——互联网上公众意见表达的形态、特征及其演进趋势［J］．新闻爱好者，2007（6）：6-8.

77. 吴惠凡．媒介融合背景下意见表达方式的变化与反思［J］．国际新闻界，2013（11）：6-18.

78. 吴标兵，许和隆，张宇．中国公众隐私敏感度实证研究［J］．南京邮电大学学报，2015（3）：82-90.

79. 吴淑娟．信息素养和媒介素养教育的融合途径［J］．图书情报工作，2016（3）：69-75.

80. 吴钢，郭沁峰，易芳，吕霞．大学生信息素养现状调查与对策分析［J］．图书馆理论与实践，2006（3）：39-41.

81. 吴欣纯．社群网站使用者在行为感知、资讯验证行为以及资讯信赖度之分析——以Facebook使用者为例［J］．教育科技与媒体，2012（9）：23-39.

82. 王秦．社交网络时代个人信息传播与“隐私悖论”［J］．中国报业，2014（10）：70-71.

83. 王四新．表达自由与自我实现——以网络表达为例［J］．现代传播，2010（10）：25-28.

84. 王君玲．网络表达研究［D］．武汉：武汉大学，2009.

85. 王艳．民意表达与公共参与：微博意见领袖研究［D］．北京：中国社会科学院研究生院，2014.

86. 王慧敏．半熟人社交：网络社交的新走向——匿名社交软件的价值与反思［J］．今传媒，2015（10）：57-58.

87. 王斌，王萍．新媒体背景下青年意见表达的特点分析：以社交网站为例［J］. 中国青年研究，2012（3）：49-52.

88. 王吉庆. 信息素养论［M］. 上海：上海教育出版社，1999.

89. 徐琳，郭昌宁. 大学生新浪微博自我表露行为及影响因素研究［J］. 杭州电子科技大学学报，2016（5）：39-43.

90. 谢笑春，孙晓军，周宗奎. 网络自我表露的类型、功能及其影响因素［J］. 心理科学进展，2013（2）：272-281.

91. 谢新洲，安静. 社交媒体用户自我表露的影响因素分析［J］. 出版科学，2016（1）：10-14.

92. 谢艳军. 新媒体受众负面新闻偏好及其影响研究——基于手机新浪网 54 天 594 条新闻的内容分析［J］. 新闻与传播研究，2016（10）：23-26.

93. 肖斌. 微信朋友圈对大学生人际交往的影响研究——基于强弱关系理论的视角［J］. 教育学术月刊，2015（10）：93-98.

94. 伊丽莎白·诺尔-诺依曼. 沉默的螺旋［M］. 董璐，译. 北京：北京大学出版社，2013.

95. 余越. 自媒体环境下青年意见表达的形态、特征及引导策略［J］. 思想政治教育，2016（1）：85-89.

96. 虞鑫，王义鹏. 社交网络环境下的大学生公开意见表达影响因素研究［J］. 中国青年研究，2014（10）：97-104.

97. 喻国明. 网络舆情热点事件的特征及统计分析［J］. 人民论坛，2010（4）：24-26.

98. 晏齐宏. 新生代农民工意见表达意愿研究——以北京市的实证分析为例［J］. 新闻与写作，2016（3）：45-50.

99. 袁军. 媒介素养教育论［M］. 北京：中国传媒大学出版社，2010.

100. 阳露. 公共事件中微博意见领袖的意见表达研究［D］. 长沙：湖南大学，2014.

101. 张咪. 微博中大学生的自我表露及其影响研究［D］. 武汉：华中师范大学，2013.

102. 张康之，张乾友. 论意见表达体系的形成与演变［J］. 社会科学战线，2009（10）：174-184.

103. 张田田. 真相是“后真相”时代的解药吗？——“后真相”语境下事实核查新闻的发展与挑战［J］. 新闻战线，2019（1）：102-105.

104. 张燕. Web2.0 时代的网络民意表达［J］. 新闻界，2009（4）：

48-50.

105. 张硕，陈功．中国城市老年人新媒体使用影响因素研究——基于北京市朝阳区的调查［J］. 南方人口，2013（4）：64-72.

106. 张国良．传播学原理［M］. 上海：复旦大学出版社，2009.

107. 詹恂，彭娟．SNS 用户自我表露特征调查［J］. 新闻界，2010（6）：45-51.

108. 邹朝斌．SNS 用户隐私感知与自我表露行为的关系研究［D］. 重庆：西南大学，2015.

109. 朱洁．网络时评意见领袖的意见表达与心理动因［J］. 青年记者，2015（9）：20-21.

110. 周葆华．新媒体与中国新生代农民工的意见表达——以上海为例的实证研究［J］. 当代传播，2013（2）：41-48.

111. 周葆华，吕舒宁．大学生网络意见表达及其影响因素的实证研究——以"沉默的螺旋"和"意见气候感知"为核心［J］. 当代传播，2014（5）：34-38.

后　　记

这本书是国家社科基金后期资助项目“多元视角下社交媒体中的自我表露与意见表达研究”（项目批准号：19FXWB008）的研究成果。作为后期资助项目，在2019年项目获得批准的同时，我也收到了匿名评审专家的修改建议。我反复阅读这些评审意见，并结合最新研究资料和业界动态，利用了几年时间，进行诸多修改。如新增加了“自我表露与个人隐私”“媒介使用与信息伦理”等章节，也删除了原有的对个人自我表露内容与动机进行简单描述的章节，同时重新梳理全书行文逻辑，加强章节间的联系，深化研究结论，丰富本研究的应用价值，根据社交媒体意见表达与自我表露的关键问题而展开章节布局等。也正是这五位匿名评审专家的宝贵建议，使我在立项后不敢懈怠，继续不断地修改与完善，向这些评审专家表示感谢！

最后的书稿保留了项目申请时的研究思路，即每一章都围绕一个相对独立主题展开，根据具体的研究问题与假设进行研究设计，避免空泛的探讨。这样安排的原因在于：其一，社交媒体使用中的意见表达与自我表露是一个比较宽泛的研究领域，如果面面俱到地进行研究，容易使研究内容流于描述性的梳理，而无法进行深入的探讨；其二，本研究主要对社交媒体隐私管理、信息鉴别能力、匿名表达行为、伦理认知与回避行为等进行研究，这都是社交媒体意见表达与自我表露这一领域中比较重要的研究主题，从而使得研究重点突出。此外，每一章都完整地记录研究的过程、全面地呈现研究的结论，在附录部分放了每一章相对应的完整问卷，以方便读者理解每一章的变量设计，这都是为了努力保持研究的严谨性。

完成这本书稿的过程，是一个不断学习、也不断反思的过程。自任教以来，时常感觉到自己所学所知的不足，所以希望不间断地通过各种方式继续学习，或者是听一些老师的公开课，或者是和同学们一起探讨，从而弥补自己的知识空白点。在这期间，我组织建了“社交媒体使用行为研究”的学术团队，不断地以师生互动的方式关注研究热点。

我和团队的数位同学一起寻求社交媒体研究中的关键问题，一起阅读文献，共同进行研究设计，不断修改问卷，分析数据，并将研究内容撰写好，每一章的稿件都经过数次的打磨，最终成果便是本书的八章内容。本书每一章，都有团队同学的参与，这些同学分别是每一章的合作者。合作作者分别为华中科技大学新闻与信息传播学院的研究生袁向玲（第一、二章）、李丹妮（第三章）、任怡林（第四章）、黄彩莉（第五、八章）、本科生肖雨涵（第六章）、张文卓（第七章）。也正是在和她们多次交流、不断试错的过程中，我才对社交媒体有了更全面的认识。向团队的这些同学表示感谢，让我再一次体会到了“教学相长”的快乐！

在本研究进程中，共有4000多位社交媒体使用者填写了问卷，有更多的朋友帮助转发问卷，在此向填写问卷者和转发问卷者表示深深的感谢！本书为中央高校基本科研业务费资助项目（编号：2021WKZDJC001）的研究成果。基于《华中科技大学优秀青年教师培养计划实施办法》（校人［2015］1号）的文件精神，我获得了学院和学校的支持，完成了这项研究，本研究得到“华中科技大学优秀青年教师培养计划”的资助。

上海交通大学出版社的姬雪萍和华中科技大学出版社的杨玲两位编辑一直是我的良师益友，我曾就出版事宜多次向她们讨教。武汉大学出版社的陈帆老师为本书的编辑出版提供了宝贵的建议。在此一并感谢！

最后，特别感谢华中科技大学新闻与信息传播学院及各位老师。学院老师们经常互相帮助、互相鼓励，这种充满善意、友好互助的氛围，让我获得了前行的动力。

牛　静

2022年5月10日于美国威廉斯维尔市